십 간 불 여 일 독
十看不如一讀이요,

열 번 눈으로 보기만 하는 것은 한 번 소리 내어 읽는 것만 못하고,

십 독 불 여 일 서
十讀不如一書이다.

열 번 소리 내어 읽는 것은 한 번 정성들여 쓰는 것만 못하다.

머리말

우리가 한자를 배우는 궁극적인 목적은 한자가 지니고 있는 훈(訓)과 음(音)을 아는 것이다.

그러므로 한자가 지니고 있는 특성을 바탕으로 하여 한자의 훈(뜻)과 음(소리)을 정확히 파악하여 우리 국어의 70% 이상을 차지하고 있는 한자어인 어휘의 이해와 그 활용을 효과적으로 하기 위함입니다.

그리고 향후, 세계화의 한 축이 될 통일 한국, 중국, 일본의 동북아 시장권의 중심 기초가 되는 한자의 자유 자제로운 활용으로 거대시장의 당당한 주역들을 초기 교육화에 그 목적을 두었으며, 21세기는 한자 문화권의 영역이 급속도로 발전, 확산됨으로써 그 영향이 전 세계에 미칠 것으로 예상됩니다.

한국어문회가 주관하는 한자능력검정시험은 국가공인을 받은 후, 대학입시 수시모집 및 특별전형과 경제 5단체는 물론 삼성, 현대 등 대기업에서 일정한 한자능력검정시험자격증을 취득한 응시자에게 가산점을 부여하고 있습니다.

본 교재는 "국가공인 전국한자능력검정시험"에 응시하고자 하는 초, 중, 고등학생, 대학생, 일반인 등을 위해 8급에서부터 4급에 이르기까지 급수별로 유래 과정과 유래 그림을 체계적으로 정리한 한자학습서입니다.

한자를 익히는 데 중요한 것은 끊임없는 반복 연습과, 많이 보고 많이 써 보는 것이 중요합니다. 이렇게 알찬 내용으로 채워진 본 교재는 "국가공인 전국한자능력검정시험"에 대비하는 모든 이들이 "합격"이라는 결과를 얻는 데 많은 도움이 될 것으로 생각합니다.

감사합니다.

弘益敎育 善海 權容璿(권용선)

목차

*참고 사항
〈본문 및 따라쓰기에서〉
훈: 뜻, 음: 소리, 중: 중국어, 간체자, 병음, 읽기, 총: 총 획순, 부:부수

8급 한자 목록

회차 (페이지)	해당 한자			선생님 확인	회차 (페이지)	해당 한자			선생님 확인
1회차 (6p)	日 일	月 월	火 화 水 수		11회차 (26p)	學 학 校 교	教 교	室 실	
2회차 (8p)	木 목	金 금	土 토 中 중		12회차 (28p)	萬 만 大 대	韓 한	民 민	
3회차 (10p)	小 소	山 산	一 일 二 이		13회차 (30p)	國 국 王 왕			
4회차 (12p)	三 삼	四 사	五 오 六 육						
5회차 (14p)	七 칠	八 팔	九 구 十 십						
6회차 (16p)	東 동	西 서	南 남 北 북						
7회차 (18p)	外 외	父 부	母 모 兄 형						
8회차 (20p)	弟 제	寸 촌	女 여 人 인						
9회차 (22p)	長 장	年 년	門 문 先 선						
10회차 (24p)	生 생	青 청	白 백 軍 군						

나도
한자 王이 될거야!

한자 목록 7급

日

훈 날 　**음** 일
중 日 [음]르

관련한자
日課(일과)
日當(일당)
日光(일광)
日出(일출)
日就月將
(일취월장)

유래

낮에 세상을 환히 비추는 태양(해)의 모양

설명 해(日)를 보고 만든 모양으로, 해가 떠서 지고 다시 내일 뜨는 것을 기준으로, 하루·날이라는 의미로 만든 글자

月

훈 달 　**음** 월
중 月 [yuè] 위에

관련한자
月刊(월간)
月給(월급)
月別(월별)
每月(매월)
吟風弄月
(음풍농월)

유래

밤에 떠 있는 달의 모양

설명 밤 하늘에 떠 있는 달(月)을 보고 만든 모양으로, 달은 한 달에 한 번씩 모양이 달라져서 한 달이라는 뜻의 글자

火

훈 불 　**음** 화(:)
중 火 [huǒ] 후어

관련한자
火力(화력)
火星(화성)
火藥(화약)
火傷(화상)
電光石火
(전광석화)

유래

나무에 불이 붙어 활활 타오르는 불의 모양

설명 활활 타오르는 불(火)의 모양으로, 불이라는 뜻의 글자

水

훈 물 　**음** 수
중 水 [shuǐ] 슈에이

관련한자
水道(수도)
水分(수분)
水深(수심)
水壓(수압)
水魚之交
(수어지교)

유래
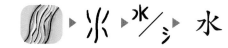
냇가에 흐르는 물의 모양

설명 강에 꾸불꾸불 흘러가는 물의 모양으로, 물이라는 뜻의 글자

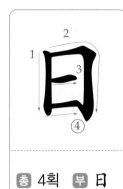

날 일

총 4획 부 日

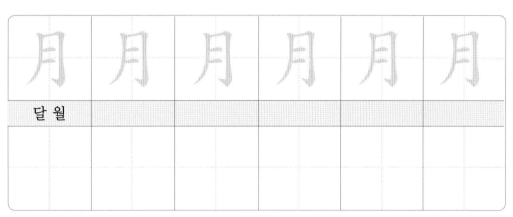

달 월

총 4획 부 月

불 화

총 4획 부 火

물 수

총 4획 부 水

훈 나무 **음** 목
중 木 [mù] 무

관련한자	유래
木手(목수) 伐木(벌목) 植木(식목) 原木(원목) 草根木皮 (초근목피)	 뿌리부터 가지까지의 나무 전체를 나타낸 모양

설명 땅에 뿌리를 내리고 가지가 뻗어 있는 한 그루 나무(木)의 모양으로, 나무를 뜻하는 글자

훈 쇠/성 **음** 금/김
중 金 [jīn] 찐

관련한자	유래
金庫(금고) 金額(금액) 金賞(금상) 金品(금품) 金蘭之交 (금란지교)	 산속에 묻혀 있는 쇠붙이의 모양

설명 산속에 묻혀 있는 금 · 은 · 쇠붙이의 모양으로, 쇠를 뜻하는 글자
*성(姓)으로 쓸 때는 김으로 읽는다.

훈 흙 **음** 토
중 土 [tǔ] 투

관련한자	유래
土器(토기) 土木(토목) 國土(국토) 農土(농토) 西方淨土 (서방정토)	 만물이 자라는 땅(흙)을 나타낸 모양

설명 땅(一)에서 새싹(ㅗ)을 돋게 하는 땅 · 흙을 뜻하는 글자

훈 가운데 **음** 중
중 中 [zhōng] 쭝

관련한자	유래
中間(중간) 中古(중고) 中國(중국) 喪中(상중) 五里霧中 (오리무중)	 가운데 깃발을 중심으로 모여든 모양

설명 사람을 모이게 하려고, 가운데 깃발을 꽂아 놓은 모양으로, 가운데라는 뜻의 글자

나무 목

총 4획　부 木

쇠/성 금/김

총 8획　부 金

흙 토

총 3획　부 土

가운데 중

총 4획　부 丨

小

훈 작을 **음** 소:
중 小 [xiǎo] 시아오

관련한자
小計(소계)
小賣(소매)
小說(소설)
小數(소수)
小兒(소아)

유래

큰 사과나무에서 떨어진 작은 사과의 모양

설명 큰 사과나무에서 떨어진 작은 사과들의 모양으로, 작다라는 뜻의 글자

山

훈 메/뫼 **음** 산
중 山 [shān] 샨

관련한자
鑛山(광산)
山林(산림)
江山(강산)
登山(등산)
他山之石
(타산지석)

유래

산을 나타낸 모양

설명 산의 모양을 보고 만든 글자로, 메를 뜻하는 글자
*메 : 산의 옛날 이름 *뫼 : 무덤

一

훈 하나/한 **음** 일
중 一 [yī] 이

관련한자
一等(일등)
一品(일품)
一家(일가)
一念(일념)
一魚濁水
(일어탁수)

유래

1을 표시하기 위해 나무 막대 한 개를 놓은 모양

설명 숫자 1을 표시하기 위해 나무 막대 한 개를 놓아둔 모양으로, 하나라는 뜻의 글자

二

훈 두 **음** 이:
중 二 [èr] 얼

관련한자
二十(이십)
二重(이중)
二次(이차)
二毛作(이모작)
一石二鳥
(일석이조)

유래

2를 표시하기 위해 나무 막대 둘을 놓아둔 모양

설명 숫자 2를 나타내기 위해 나무 막대 두 개를 나란히 놓아둔 모양으로, 둘을 뜻하는 글자

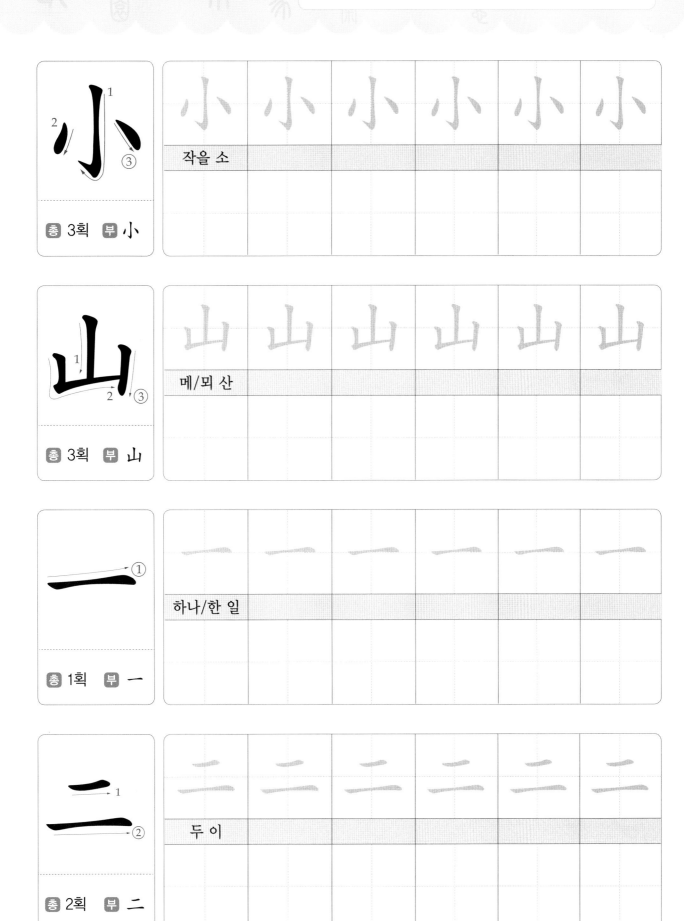

小
작을 소
총 3획 부 小

山
메/뫼 산
총 3획 부 山

一
하나/한 일
총 1획 부 一

二
두 이
총 2획 부 二

三

훈 석 **음** 삼
중 三 [sān] 싼

관련한자
三角(삼각)
三伏(삼복)
三人稱(삼인칭)
孟母三遷(맹모삼천)

유래

3을 표시하기 위해 나무 막대 셋을 놓아둔 모양

설명 숫자 3를 나타내기 위해 나무 막대 셋을 나란히 놓아둔 모양으로, 셋을 뜻하는 글자

四

훈 넉 **음** 사:
중 四 [sì] 쓰

관련한자
四季(사계)
四聲(사성)
四海(사해)
四君子(사군자)
朝三暮四(조삼모사)

유래

큰 울타리를 사방으로 나누는 모양

설명 에울 위(口)와 나눌 팔(八)이 합쳐진 글자로, 동네나 나라의 국경 같은 큰 울타리를 사방(동, 서, 남, 북) 4군데로 나눈다는 의미로, 넷이라는 뜻의 글자

五

훈 다섯 **음** 오:
중 五 [wǔ] 우

관련한자
五感(오감)
五福(오복)
五穀(오곡)
五賊(오적)
三綱五倫(삼강오륜)

유래

옛날 사람들이 나무 막대로 표시한 다섯의 모양

설명 一, 二, 三처럼 표시하기에는 다섯이 복잡하여 나무 막대를 아래위로 놓고 가위표(X)로 다섯을 나타낸 것으로, 다섯을 뜻하는 글자

六

훈 여섯 **음** 륙(육)
중 六 [liù] 리어우

관련한자
六旬(육순)
六書(육서)
六面體(육면체)
死六臣(사육신)
三十六計(삼십육계)

유래

두 손의 손가락을 세 개씩 펴고 있는 모양

설명 양손의 손가락을 세 개씩 펴서 여섯을 나타내고 있는 모양으로, 여섯을 뜻하는 글자

석 삼

총 3획 부 一

넉 사

총 5획 부 口

다섯 오

총 4획 부 二

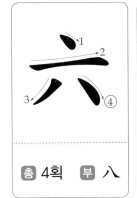

여섯 육

총 4획 부 八

七

관련한자
七旬(칠순)
七寶(칠보)
七月(칠월)
七言詩(칠언시)
北斗七星 (북두칠성)

훈 일곱 **음** 칠
중 七 [qī] 치

유래

다섯 손가락에 두 손가락을 더한 일곱의 모양

설명 다섯 손가락에 두 손가락을 더해 일곱을 나타낸 모양으로, 일곱을 뜻하는 글자

八

관련한자
八角(팔각)
八景(팔경)
上八字(상팔자)
八等身(팔등신)
百八煩惱 (백팔번뇌)

훈 여덟 **음** 팔
중 八 [bā] 빠

유래

두 손의 네 손가락을 펴서 여덟을 나타낸 모양

설명 여덟을 표시하기 위해 두 손의 네 손가락을 펴서 벌린 모양으로, 여덟을 뜻하는 글자

九

관련한자
九日(구일)
九泉(구천)
九死一生 (구사일생)
九牛一毛 (구우일모)

훈 아홉 **음** 구
중 九 [jiǔ] 지어우

유래

열 십(10)을 구부려 십보다 조금 작게 나타낸 모양

설명 열 십(十)의 오른쪽 가로획을 밑으로 구부려 열보다 조금 낮은 아홉을 뜻하는 글자

十

관련한자
十干(십간)
十二支(십이지)
十進法(십진법)
十八番(십팔번)
十二指腸 (십이지장)

훈 열 **음** 십
중 十 [shí] 스

유래

세로 막대에 점을 찍어 10을 나타내는 모양

설명 가로 막대(一·二·三)는 하나·둘·셋을 나타내고, 세로 막대(|)에 점을 찍어 열(10)을 나타내던 옛날 십진법의 표시로, 열을 뜻하는 글자

총 2획   **부** 一

일곱 칠

총 2획   **부** 八

여덟 팔

총 2획   **부** 乙

아홉 구

총 2획   **부** 十

열 십

東

훈 동녘 음 동
중 东 [dōng] 똥

관련한자
東京(동경)
東學(동학)
東海(동해)
中東(중동)
馬耳東風 (마이동풍)

유래
아침에 태양이 나무 중간까지 떠오른 모양

설명 아침에 태양(日)이 나무(木) 중간까지 떠오른 모양으로, 해가 뜨는 쪽이 동쪽이라는 뜻의 글자

西

훈 서녘 음 서
중 西 [xī] 시

관련한자
西岸(서안)
嶺西(영서)
西紀(서기)
關西(관서)
東奔西走 (동분서주)

유래
해가 지는 저녁에 새가 둥지로 돌아와서 쉬는 모양

설명 해가 지는 저녁에 새가 둥지로 돌아와서 쉬는 모양으로, 해가 지는 쪽이 서쪽이라는 뜻의 글자

南

훈 남녘 음 남
중 南 [nán] 난

관련한자
南極(남극)
南部(남부)
南山(남산)
湖南(호남)
南男北女 (남남북녀)

유래
따뜻한 남쪽을 보는 집안에서 화초가 잘 자라는 모양

설명 따뜻한 집 안에서 화초가 잘 자라는 모양으로, 따뜻한 곳은 남녘(남쪽)이라는 뜻의 글자

北

훈 북녘/달아날 음 북/배
중 北 [běi] 베이

관련한자
北極(북극)
北方(북방)
北部(북부)
敗北(패배)
北斗七星 (북두칠성)

유래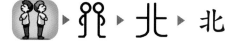
두 사람이 싸워, 서로 등을 돌리고 서 있는 모양

설명 두 사람이 싸워, 서로 등을 돌리고 서 있는 모양으로, 원래 사람은 얼굴을 따뜻한 남쪽에 두고 등을 북쪽에 두는데, 싸워서 등을 돌리면 북쪽을 바라보게 된다는 의미로 북녘(북쪽)을 뜻하는 글자
*다른 뜻 : 저버릴 배로도 쓰인다

東

동녘 동

총 8획   부 木

西

서녘 서

총 6획   부 襾

南

남녘 남

총 9획   부 十

北

북녘/달아날 북/배

총 5획   부 匕

7회 8급 급수한자

外

관련한자
外家(외가)
外科(외과)
外國(외국)
外部(외부)
外柔內剛 (외유내강)

유래

저녁 석(夕) 과 점치다(卜)를 합친 모양

훈 바깥 **음** 외:
중 外 [wài] 와이

설명 저녁(夕) 그리고 점치다(卜)를 합친 모양으로, 옛날 사람들은 점을 아침에 쳐 보는데, 저녁에 점을 치는 것은 올바르지 않아 벗어나다, 바깥이라는 뜻의 글자

父

관련한자
父女(부녀)
父親(부친)
神父(신부)
祖父(조부)
父傳子傳 (부전자전)

유래

아버지가 자식을 회초리로 다스리는 모습(모양)

훈 아비/아버지 **음** 부
중 父 [fù] 푸

설명 자식을 올바로 키우기 위해 회초리를 높이 들고 있는 아버지의 모습으로, 아비(아버지)라는 뜻의 글자

母

관련한자
母女(모녀)
丈母(장모)
母乳(모유)
母親(모친)
未婚母 (미혼모)

유래

아이에게 젖을 주는 어머니의 모양

훈 어미/어머니 **음** 모:
중 母 [mǔ] 무

설명 어머니(女)가 아기에게 젖(ㆍ)을 먹이는 모양으로, 어미라는 뜻이 글자

兄

관련한자
兄弟(형제)
兄夫(형부)
老兄(노형)
妻兄(처형)
難兄難弟 (난형난제)

유래

입을 크게 벌려 제사를 지내는 맏형을 나타낸 모양

훈 맏/형 **음** 형
중 兄 [xiōng] 시옹

설명 조상의 제사를 드릴 때, 앞에서 입(口)을 크게 벌려 제문을 읽는 사람(儿=人)이 맏형이라는 의미로, 맏이라는 뜻의 글자

外	外	外	外	外	外

바깥 외

총 5획   부 夕

父	父	父	父	父	父

아비/아버지 부

총 4획   부 父

母	母	母	母	母	母

어미/어머니 모

총 5획   부 母

兄	兄	兄	兄	兄	兄

맏/형 형

총 5획   부 儿

弟

[훈] 아우 [음] 제:
[중] 弟 [dì] 띠

[관련한자]
弟子(제자)
師弟(사제)
子弟(자제)
妹弟(매제)
首弟子
(수제자)

[유래]

나뭇가지에 가죽끈을 차례차례 감아 아래로 내린 모양

내동생~

[설명] 나뭇가지에 가죽끈을 차례대로 묶어 아래로 내린 모양으로, 형제 중 아래쪽이 아우(동생)라는 뜻의 글자

寸

[훈] 마디/촌수 [음] 촌:
[중] 寸 [cùn] 춘

[관련한자]
四寸(사촌)
寸刻(촌각)
寸劇(촌극)
寸陰(촌음)
一寸光陰
(일촌광음)

[유래]

손목에서 맥박이 뛰는 곳까지의 길이가 한 치(약 3cm)라는 표시

손목에서 3cm 지점이 맥이 뛰는 곳이야

[설명] 손목에서 맥박이 뛰는 곳까지의 길이가 한 치(약 3cm)라는 의미로, 조금 · 마디라는 뜻의 글자

女

[훈] 계집/여자 [음] 녀(여)
[중] 女 [nǚ] 뉘

[관련한자]
男女(남녀)
女史(여사)
宮女(궁녀)
修女(수녀)
淑女(숙녀)

[유래]

다소곳이 앉아 있는 여자의 모습

소녀 악녀라 하옵니다~

[설명] 세운 무릎 위에 두 손을 가지런히 올리고 얌전히 앉아 있는 여인의 모습으로, 계집(여자)이라는 뜻의 글자

人

[훈] 사람 [음] 인
[중] 人 [rén] 런

[관련한자]
人生(인생)
人間(인간)
人權(인권)
戀人(연인)
人之常情
(인지상정)

[유래]

걸어가는 사람의 모양

[설명] 걸어가는 사람(人)의 모양으로, 사람을 뜻하는 글자

아우 제

총 7획   부 弓

마디/촌수 촌

총 3획   부 寸

계집/여자 녀

총 3획   부 女

사람 인

총 2획   부 人

長

관련한자
長短(장단)
家長(가장)
校長(교장)
長點(장점)
長幼有序
(장유유서)

유래

머리가 긴 노인이 지팡이를 짚고 가는 모양

훈 긴/어른　음 장(:)
중 长 [cháng] 창

설명 수염과 머리카락이 긴 노인이 지팡이를 짚고 가는 모양으로, 길다라는 뜻의 글자

年

관련한자
少年(소년)
今年(금년)
來年(내년)
送年(송년)
幼年(유년)

유래
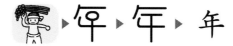
농부가 벼를 베어 머리에 이고 가는 모양

1년에 한번 수확은 큰 기쁨이구나!

훈 해　음 년(연)
중 年 [nián] 니엔

설명 농부가 벼를 베어 머리에 이고 가는 모양으로, 벼는 한번 수확하는데 1년이 걸린다는 의미에서 한 해를 뜻하는 글자

門

관련한자
大門(대문)
門中(문중)
家門(가문)
窓門(창문)
門前成市
(문전성시)

유래

두 개의 문짝이 달려 있는 문의 모양

훈 문　음 문
중 门 [mén] 먼

설명 들어가고 나갈 수 있게 두 개의 문짝이 달려 있는 문의 모양으로, 문을 뜻하는 글자

先

관련한자
先生(선생)
先金(선금)
先頭(선두)
先約(선약)
先見之明
(선견지명)

유래

남보다 앞서 걸어가는 발을 나타낸 모양

내가 먼저 가야지!!
같이 가~

훈 먼저/앞　음 선
중 先 [xiān] 시엔

설명 사람(儿)이 걸어가는 모습과 발을 나타내는 모양으로, 남보다 앞서 나아가는 것을 말해 우선·먼저라는 뜻의 글자

긴/어른 장

총 8획   부 長

해 년

총 6획   부 干

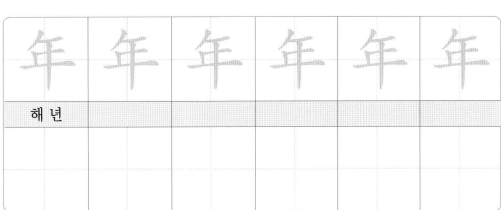

문 문

총 8획   부 門

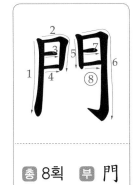

먼저 선

총 6획   부 儿

生

훈 날/살/선비 음 생
중 生 [shēng] 성

관련한자
生日(생일)
生命(생명)
生産(생산)
生捕(생포)
蘇生(소생)

유래
땅에서 풀과 나무들의 싹이 생겨 나오는 모양

설명 아무것도 없던 땅(土) 위로 풀과 나무들의 싹이 생겨 나오는(生) 것을 나타내, 나다라는 뜻의 글자

靑

훈 푸를 음 청
중 靑 [qīng] 칭

관련한자
靑年(청년)
靑果(청과)
靑色(청색)
靑春(청춘)
靑少年
(청소년)

유래
화단에 푸른 식물과 그 싹이 자라는 모양

설명 화단에 푸른 식물과 그 싹이 자라는 모양에서 푸르다라는 뜻의 글자

白

훈 흰/아뢸 음 백
중 白 [bái] 바이

관련한자
白人(백인)
白金(백금)
白旗(백기)
白米(백미)
白沙場
(백사장)

유래

밝게 비추는 햇빛이 눈부시게 희다는 뜻을 나타낸 모양

설명 온 세상을 밝게 비추는 햇빛(日)이 눈부시게(ヽ) 희다는 뜻의 글자

軍

훈 군사 음 군
중 軍 [jūn] 쥔

관련한자
國軍(국군)
軍歌(군가)
軍紀(군기)
軍旗(군기)
軍隊(군대)

유래
전쟁에서 군사들이 전차 주위에 있는 모양

설명 전쟁에서 무기를 실은 수레(車 전차)를 둘러싸고(冖) 공격하는 군사들의 모양으로, 군사라는 뜻의 글자

生

날 생

총 5획   부 生

靑

푸를 청

총 8획   부 靑

白

흰 백

총 5획   부 白

軍

군사 군

총 9획   부 車

學

관련한자	유래
學生(학생) 學校(학교) 學級(학급) 學年(학년) 學習(학습)	 어린이가 책을 읽으며 열심히 배우는 모양

제비가 박씨를 물어다 준다고?

훈 배울 음 학
중 学 [xué] 쉬에

설명 어린이(子)가 책(爻)을 읽으며 열심히 배우는 모양으로, 배우다라는 뜻의 글자

校

관련한자	유래
校歌(교가) 校外(교외) 校訓(교훈) 登校(등교) 校監(교감)	 사람이 앉아 나무가 똑바로 자라도록 바로 세운 모양

똑바로 자라라고 잡아줘야지.

훈 학교 음 교:
중 校 [xiào] 시아오

설명 구부러진 나무(木)를 똑바로 자라도록, 사람이 다리를 꼬고 앉아(交) 잡아당긴 모양으로, 구부러지기 쉬운 사람을 올바르게 이끌어 주는 곳이 학교라는 뜻의 글자

教

관련한자	유래
教室(교실) 教本(교본) 教師(교사) 教育(교육) 三遷之教 (삼천지교)	 教 1. 옛날 막대로 점을 쳐서 따라야 할 방향을 정한 모양 2. 귀한 아이가 태어난 모양으로 아들을 나타냄 3. 손에 나뭇가지를 들고 있는 모양

악동아 아직도 모르겠니?
아야구~

훈 가르칠 음 교:
중 教 [jiāo] 찌아오

설명 숫자를 세며(爻) 올바르게 따라 하도록 아이(子)를 회초리로 쳐서(攵) 가르친다는 뜻의 글자

室

관련한자	유래
室長(실장) 內室(내실) 別室(별실) 産室(산실) 企劃室 (기획실)	 새가 먹이를 물고 밖에서 돌아와 집안에 이르는 모양

역시 집이 최고야~!!

훈 집 음 실
중 室 [shì] 스

설명 사람이 밖에서 돌아와 쉬면서 머무르는(이르는) 곳이 집·방이란 의미로, 집이라는 뜻의 글자

學 學 學 學 學 學

배울 학

총 16획 부 子

校 校 校 校 校 校

학교 교

총 10획 부 木

敎 敎 敎 敎 敎 敎

가르칠 교

총 11획 부 攵

室 室 室 室 室 室

집 실

총 9획 부 宀

萬

관련한자	유래

萬感(만감)
萬年(만년)
萬能(만능)
萬福(만복)
萬里長城
(만리장성)

많은 독을 가진 전갈의 모양

내 독은 만명도 한번에 죽일 수 있지...

훈 일만 **음** 만:
중 万 [wàn] 완

설명 전갈의 모양을 본뜬 글자로, 전갈은 무서운 독으로 일만 명의 사람을 죽일 수 있다는 데서 일만을 뜻하는 글자

大

관련한자	유래

大家(대가)
大吉(대길)
大事(대사)
寬大(관대)
大驚失色
(대경실색)

두 손과 두 발을 크게 벌리고 있는 사람의 모양으로 크다는 의미

훈 큰 **음** 대(:)
중 大 [dà] 따

설명 사람이 팔과 다리를 크게 벌리고 서 있는 모습으로, 옛날 사람들은 하늘 · 사람 · 땅이 제일 중요하다고 여겨, 사람의 가치가 크다라는 뜻의 글자

韓

관련한자	유래

韓美(한미)
韓食(한식)
韓日(한일)
訪韓(방한)
韓半島
(한반도)

1. 아침에 수풀 사이로 해가 떠오르는 모양
2. 소의 발 끝부터 머리까지 가죽이 에워싸고 있는 모양

훈 한국/나라 **음** 한(:)
중 韓 [hán] 한

설명 아침 해가 돋아(卓) 온 나라(온누리)를 에워싸고(韋) 비추는 조용한 아침의 나라를 나타내어, 그 나라가 한국이라는 뜻의 글자

民

관련한자	유래

民間(민간)
民法(민법)
民怨(민원)
民願(민원)
零細民
(영세민)

어머니가 낳은 아기를 안고 있는 모양

훈 백성 **음** 민
중 民 [mín] 민

설명 어머니가 낳은 모든 자식들이 나라의 백성이라는 뜻의 글자

萬 萬 萬 萬 萬 萬

일만 만

총 13획 부 艹

큰 대

총 3획 부 大

韓 韓 韓 韓 韓 韓

한국/나라 한

총 17획 부 韋

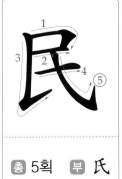

民 民 民 民 民 民

백성 민

총 5획 부 氏

國

 **관련한자**  **유래**

國家(국가)
國立(국립)
國法(국법)
國政(국정)
國慶日
(국경일)

1. 울타리와 그것을 지키는 창의 모양
2. 사람의 입과 백성이 사는 땅의 모양

훈 나라 음 국
중 国 [guó] 구어

설명 나라의 울타리(口)에서 창(戈)을 들고 백성의 입(口)과 땅(一)을 지키는 모양으로, 그것이 곧 나라라는 뜻의 글자

王

관련한자 **유래**

王國(왕국)
王命(왕명)
國王(국왕)
女王(여왕)
王妃(왕비)

모든 것을 다스리는 임금의 큰 도끼의 모양

훈 임금 음 왕
중 王 [wáng] 왕

설명 옛날에 힘이 제일 센 사람이 가장 큰 도끼를 가지고 있었는데, 제일 큰 도끼는 모든 것을 다스리는 왕·임금을 뜻하는 글자

총 11획 부 口

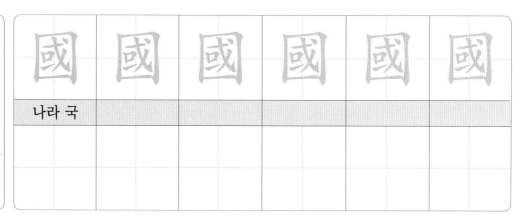

나라 국

총 4획 부 王

임금 왕

순번	한자	중국어	병음 총획	따라쓰기		
1	東 동녘 동	东	[dōng] 똥 / 5획	东	东	东
2	長 긴/어른 장	长	[cháng] 창 / 4획	长	长	长
3	門 문 문	门	[mén] 먼 / 3획	门	门	门
4	軍 군사 군	军	[jūn] 쥔 / 6획	军	军	军
5	學 배울 학	学	[xué] 쉬에 / 8획	学	学	学
6	萬 일만 만	万	[wàn] 완 / 3획	万	万	万
7	韓 한국/나라 한	韩	[hán] 한 / 12획	韩	韩	韩
8	國 나라 국	国	[guó] 구어 / 8획	国	国	国
9	敎 가르칠 교	教	[jiāo] 찌아오 / 11획	教	教	教
10	靑 푸를 청	青	[qīng] 칭 / 8획	青	青	青

天

[훈] 하늘 [음] 천
[중] 天 [tiān] 티엔

관련한자
天國(천국)
天氣(천기)
天堂(천당)
天命(천명)
天高馬肥
(천고마비)

유래

사람의 머리 위에 있는 넓은 하늘의 모양

설명 사람(大) 위(一)에 있는 것이 하늘이라는 뜻의 글자

地

[훈] 따/땅 [음] 지
[중] 地 [dì] 띠

관련한자
地理(지리)
地番(지번)
客地(객지)
地獄(지옥)
耕作地
(경작지)

유래

식물이 태어나고, 뱀처럼 길게 이어진 땅을 나타낸 모양

설명 식물(土 식물의 근원)이 자라나고, 뱀(也)처럼 구불구불 길게 이어진 것이 땅이라는 뜻의 글자

自

[훈] 스스로 [음] 자
[중] 自 [zì] 쯔

관련한자
自己(자기)
自國(자국)
自動(자동)
自力(자력)
自激之心
(자격지심)

유래

코를 가리켜 자기 자신을 나타낸 모양

설명 중국 사람은 자기 코를 가리켜 자기 자신을 나타내는데, 남이 아닌 자기 스스로를 뜻하는 글자

然

[훈] 그럴 [음] 연
[중] 然 [rán] 란

관련한자
果然(과연)
當然(당연)
本然(본연)
天然(천연)
古色蒼然
(고색창연)

유래

1. 개고기를 나타내는 모양
2. 나무에 불이 붙어 활활 타오르는 불의 모양

설명 개(犬) 고기(月)는 불(灬)에 구워서 먹어야 하는데, 당연히 그렇게 해야 한다는 의미로, 그러하다라는 뜻의 글자 *다른 뜻 : 불사르다

天 天 天 天 天 天

하늘 천

총 4획 부 大

地 地 地 地 地 地

따/땅 지

총 6획 부 土

自 自 自 自 自 自

스스로 자

총 6획 부 自

然 然 然 然 然 然

그럴 연

총 12획 부 灬

川

관련한자	유래
山川(산천) 開川(개천) 乾川(건천) 川谷(천곡) 晝夜長川 (주야장천)	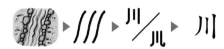 냇물이 흐르는 냇가의 모양

훈 **내** 음 **천**
중 川 [chuān] 추안

설명 시냇가의 물이 흘러가는 모양으로, 냇물이라는 뜻의 글자

上

관련한자	유래
上告(상고) 上記(상기) 上部(상부) 上席(상석) 上訴(상소)	 땅 위에 어떤 사물이 있다는 것을 나타낸 모양

훈 **윗/위** 음 **상:**
중 上 [shàng] 샹

설명 땅 위(一)에 어떤 사물(丶가 卜이 됨)이 있다는 것을 나타낸 모양으로, 위를 뜻하는 글자

下

관련한자	유래
下級(하급) 下命(하명) 下部(하부) 下降(하강) 下厚上薄 (하후상박)	 땅 아래에서 사는 벌레의 모양

땅 밑에 벌레가!!

훈 **아래** 음 **하:**
중 下 [xià] 시아

설명 땅 아래서(一) 사는 벌레(丶가 卜이 됨)를 보고 만든 모양으로, 원래는 하늘 아래 모든 것이 있다는 뜻의 글자 – 천하(天下)

出

관련한자	유래
出金(출금) 出頭(출두) 出産(출산) 出世(출세) 出沒(출몰)	새싹들이 땅 밖으로 나온 모양

훈 **날** 음 **출**
중 出 [chū] 츄

설명 봄에 새싹들이 땅속에서 하나둘 솟아 나오는 모양으로, 나오다 · 나가다라는 의미로, 나다라는 뜻의 글자

川	川	川	川	川	川
내 천					

총 3획 부 川

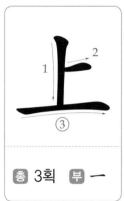

上	上	上	上	上	上
윗/위 상					

총 3획 부 一

下	下	下	下	下	下
아래 하					

총 3획 부 一

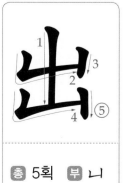

出	出	出	出	出	出
날 출					

총 5획 부 凵

入

훈 들 **음** 입
중 入 [rù] 루

관련한자
入校(입교)
入國(입국)
入隊(입대)
入試(입시)
輸入(수입)

유래

천막의 문을 나타낸 모양으로, 안으로 들어간다는 것을 나타낸다

설명 옛날 집의 문을 나타내어 '들어가는 곳'이라는 의미로, 들다라는 뜻의 글자

內

훈 안 **음** 내:
중 內 [nèi] 네이

관련한자
內科(내과)
內陸(내륙)
內面(내면)
內部(내부)
外柔內剛
(외유내강)

유래

안으로 들어갈 수 있는 집의 문을 나타낸 모양

설명 집의 문 안(冂 문의 모양)으로 들어가는(入) 것을 나타내어, 안이라는 뜻의 글자
　　*반대말 : 바깥 외(外)

左

훈 왼 **음** 좌:
중 左 [zuǒ] 주어

관련한자
左邊(좌변)
左側(좌측)
左派(좌파)
左遷(좌천)
右往左往
(우왕좌왕)

유래

왼손이 도구로 일(작업)을 하는 모양

설명 왼손(屮)이 일(工 작업)을 하는 모양으로, 옛날에는 오른손은 귀한 손, 왼손은 천한 것으로 생각하여 무엇을 만들고 일을 하는 손이라는 데서 왼손이라는 뜻의 글자

右

훈 오를/오른(쪽) **음** 우:
중 右 [yòu] 여우

관련한자
極右(극우)
右側(우측)
左右(좌우)
右翼(우익)
左之右之
(좌지우지)

유래

밥을 먹을 때 사용하는 귀한 오른손을 나타낸 모양

설명 오른손과 밥을 먹는 입(口)을 나타내어, 밥을 먹는 중요한 손은 오른손이라는 뜻의 글자

들 입

총 2획 부 入

안 내

총 4획 부 入

왼 좌

총 5획 부 工

오를/오른(쪽) 우

총 5획 부 口

前

관련한자	유래

前期(전기)
前面(전면)
前生(전생)
前月(전월)
前進(전진)

칼로 나무를 깎아 만든 배와 앞으로 나가는 발의 모양

훈 **앞** 음 **전**
중 前 [qián] 치엔

설명 앞으로 걸어가는 발과 같이 칼(刂)로 나무를 깎아 만든 배(月)가 앞으로 나아간다는 의미로, 앞이라는 뜻의 글자

後

관련한자	유래

後光(후광)
後宮(후궁)
後記(후기)
後悔(후회)
後輩(후배)

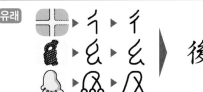

1. 거리 길의 한쪽만 나타낸 변형된 모양
2. 조그만 실타래 모양으로 '작다'는 의미
3. 빨리 가지 못해 뒤쳐진 의미로 발이 거꾸로 된 모양

훈 **뒤** 음 **후:**
중 后 [hòu] 허우

설명 길을 갈 때 조금씩 작은(幺) 걸음(彳)으로 걸어가면 남보다 뒤쳐진다(夂)는 의미로, 뒤를 뜻하는 글자

方

관련한자	유래

方式(방식)
方案(방안)
方言(방언)
方便(방편)
方針(방침)

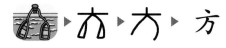

배 두 척이 매어 있는 모양

훈 **모/곳** 음 **방**
중 方 [fāng] 팡

설명 물가에 매어 있는 배 두 척의 사방 모서리(方 모)를 나타내어, 모라는 뜻의 글자
*다른 뜻 : 출렁이는 물 위에서 배가 사방으로 움직이는 데서 **사방**이라는 뜻도 있음

手

관련한자	유래

手記(수기)
手術(수술)
手足(수족)
歌手(가수)
束手無策
(속수무책)

사람의 손을 나타낸 모양

훈 **손/전문가** 음 **수:**
중 手 [shǒu] 셔우

설명 손(手)의 모양을 나타내어 손이라는 뜻의 글자

前	前	前	前	前	前
앞 전					

총 9획 · 부 刂

後	後	後	後	後	後
뒤 후					

총 9획 · 부 彳

方	方	方	方	方	方
모/곳 방					

총 4획 · 부 方

手	手	手	手	手	手
손/전문가 수					

총 4획 · 부 手

足

관련한자
滿足(만족)
發足(발족)
充足(충족)
豊足(풍족)
鳥足之血 (조족지혈)

유래

足 ▶ 모 ▶ 모 ▶ 足

무릎 아래 붙어 있는 발의 모양

훈 발/채울 음 족
중 足 [zú] 주

설명 무릎 밑으로의 발의 모양을 나타내어, 발이라는 뜻의 글자

面

관련한자
面談(면담)
面目(면목)
面接(면접)
面會(면회)
人面獸心 (인면수심)

유래

사람의 얼굴을 나타낸 모양

훈 낮/얼굴/겉 음 면:
중 面 [miàn] 미엔

설명 사람의 얼굴 앞면을 코와 수염 난 입을 중심으로 나타내어, 얼굴이라는 뜻의 글자

口

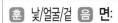

관련한자
入口(입구)
人口(인구)
食口(식구)
窓口(창구)
有口無言 (유구무언)

유래

사람의 입을 나타낸 모양

훈 입 음 구(:)
중 口 [kǒu] 커우

설명 크게 벌린 사람의 입 모양으로, 입을 뜻하는 글자
　　*다른 뜻 : '출입'이란 뜻도 있음

力

관련한자
權力(권력)
努力(노력)
能力(능력)
兵力(병력)
速力(속력)

유래

팔의 근육 모양으로 힘을 나타냄

운동해서 팔근육을 키워야지!! 으으!

훈 힘 음 력(역)
중 力 [lì] 리

설명 힘을 쓸 때 나오는 사람 팔의 알통 부분을 나타내어, 힘을 뜻하는 글자

足 足 足 足 足 足

발/채울 족

총 7획 **부** 足

面 面 面 面 面 面

낯/얼굴/겉 면

총 9획 **부** 面

口 口 口 口 口 口

입 구

총 3획 **부** 口

力 力 力 力 力 力

힘 력(역)

총 2획 **부** 力

男

관련한자	유래
男子(남자)	
男女(남녀)	
男便(남편)	
美男(미남)	
善男善女	
(선남선녀)	

밭을 경작하는 힘을 가진 남자를 나타내는 모양

밭을 가는건 힘들구나! 힘쎈 사람이 해야겠다!

훈 사내 **음** 남
중 男 [nán] 난

설명 1. 양식을 주는 밭(田)을 갈아, 가족을 부양할 수 있는 힘(力)을 가지고 있는 사람이 남자라는 뜻의 글자
2. 입(口)이 열(十)이나 되는 가족을 먹여 살릴 수 있는 힘(力)을 가진 사람이 남자라는 뜻도 있습니다.

子

관련한자	유래
子息(자식)	
男子(남자)	
女子(여자)	
孝子(효자)	
獨子(독자)	

귀한 아이가 태어난 모양으로 아들을 나타냄

아들아~ 건강하게 자라렴 악동이처럼은 안된다~ 이모~

훈 아들/접미사 **음** 자
중 子 [zǐ] 즈

설명 태어난 아기가 강보에 쌓인 모습으로, 옛날에는 아이를 낳으면 남자아이가 중요하다고 생각해서 아들이라는 뜻의 글자　＊강보 : 태어난 아기를 둘러싸는 이불

老

관련한자	유래
老人(노인)	
老年(노년)	
敬老(경로)	
老少(노소)	
養老院	
(양로원)	

지팡이를 짚고 가는 늙은 노인의 모습

휴우~ 나도 늙었구나 걷는 게 참 힘들구나...

훈 늙을 **음** 로(노):
중 老 [lǎo] 라오

설명 늙을 로(耂)와 비수 비(匕)가 합쳐진 글자로, 허리가 꼬부랑한 늙은 할아버지가 지팡이를 짚고 가는 모양으로, 늙다라는 뜻의 글자

少

관련한자	유래
少量(소량)	
少額(소액)	
多少(다소)	
減少(감소)	
靑少年	
(청소년)	

작은 과일들을 다시 칼로 나누어 더 작아진 모양

악동아 칼로 나눠 먹어야지. 작아서 한입에 다 들어가!

훈 적을/젊을 **음** 소:
중 少 [shǎo] 샤오

설명 큰 사과나무에서 떨어져 나온 작은 사과(小)들을 또 칼로 쪼개어 (丿) 내면 더 적어진다는 뜻의 글자

男

사내 남

총 7획 부 田

子

아들/접미사 자

총 3획 부 子

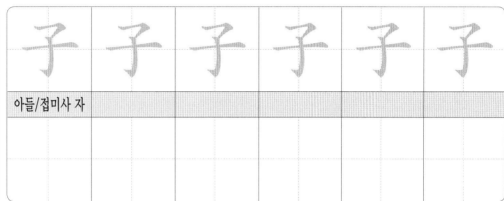

老

늙을 로(노)

총 6획 부 老

少

적을/젊을 소

총 4획 부 小

命

- 훈 목숨 음 명:
- 중 命 [mìng] 밍

관련한자
命令(명령)
命中(명중)
亡命(망명)
救命(구명)
美人薄命
(미인박명)

유래

집의 높은 사람이 칼로 아랫사람들을 무릎 꿇리고 명령하는 모양

설명 거역할 수 없는 하늘(스)의 명령(叩)에 의해 사람의 운명과 목숨이 정해진다는 의미로, 목숨이라는 뜻의 글자   *하늘의 지붕과 저승사자의 칼과 입을 나타냄

主

- 훈 임금/주인 음 주
- 중 主 [zhǔ] 주

관련한자
主導(주도)
主動(주동)
主力(주력)
主婦(주부)
主將(주장)

유래

집 한가운데에서 촛불의 불을 밝힌 모양으로, 중심이 되는 주인이라는 뜻

설명 촛대 위에서 촛불(主)이 타는 모양으로, 가운데에서 불을 밝히는 중심이 주인이라는 뜻의 글자

食

- 훈 밥/먹을 음 식
- 중 食 [shí] 스

관련한자
食口(식구)
食堂(식당)
食水(식수)
食品(식품)
間食(간식)

유래

뚜껑이 있는 밥그릇에 오곡밥이 가득 담긴 모양

설명 뚜껑(스)이 있는 밥그릇에 오곡밥(皀)이 가득 담겨 있는 모양으로, 밥을 뜻하는 글자

家

- 훈 집 음 가
- 중 家 [jiā] 지아

관련한자
家長(가장)
家口(가구)
家庭(가정)
國家(국가)
民家(민가)

유래

돼지 우리 속에서 많은 돼지들이 살고 있는 모양

설명 돼지(豕) 우리 속에서 어미 돼지와 많은 새끼 돼지들이 살고 있는 모양이 사람이 모여사는 집(宀)과 같다는 의미로, 집이라는 뜻의 글자

命	命	命	命	命	命
목숨 명					

총 8획   부 口

主	主	主	主	主	主
임금/주인 주					

총 5획   부 丶

食	食	食	食	食	食
밥/먹을 식					

총 9획   부 食

家	家	家	家	家	家
집 가					

총 10획   부 宀

事

관련한자
行事(행사)
工事(공사)
農事(농사)
事務(사무)
事必歸正
(사필귀정)

유래

전쟁(일)에 나갈 때 임금에 충성한다는 깃발을 든 모양

훈 일　음 사:
중 事 [shì] 스

설명 전쟁에 나아갈 때 임금께 충성한다는 깃발을 높게 들어(事) 전쟁의 명분으로 내세운 데서, 어떤 일이든 그 목적과 해야 하는 명분(당위성)이 있어야 한다는 의미로, 일이라는 뜻의 글자
*다른 뜻 : 섬길 사 – 임금에게 충성한다는 명분으로 일에 나아가 임금을 섬긴다는 뜻

育

관련한자
育兒(육아)
敎育(교육)
發育(발육)
養育(양육)
體育(체육)

유래

1. 갓난 아기의 모습
2. 고깃덩어리를 나타낸 모양

훈 기를　음 육
중 育 [yù] 위

설명 엄마 뱃속에서 태어난 아기(子)를 살(月)이 포동포동 찌게 잘 기른다는 의미로, 기르다라는 뜻의 글자

正

관련한자
正答(정답)
正當(정당)
正常(정상)
正義(정의)
正確(정확)

유래

땅에 올바르게 서 있는 발의 모양

훈 바를　음 정(:)
중 正 [zhèng] 쩡

설명 평평한 땅(一)에 흐트러지지 않고 똑바르게 서 있는 사람의 발(止) 모양으로, 바르다라는 뜻의 글자

直

관련한자
直結(직결)
直面(직면)
直言(직언)
直通(직통)
直後(직후)

유래

구석의 조그만 구멍을 열 사람이 자세히 보는 모양

훈 곧을　음 직
중 直 [zh1] 즈

설명 구석에 숨어(ㄴ) 잘 보이지 않는 것도 여러 사람(十 열 명)이 자세히 보면(目) 바르고 곧게 볼 수 있다는 의미로, 곧다라는 뜻의 글자

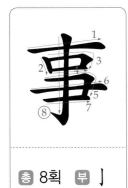

事	事	事	事	事	事
일 사					

총 8획 부 亅

育	育	育	育	育	育
기를 육					

총 8획 부 月

正	正	正	正	正	正
바를 정					

총 5획 부 止

直	直	直	直	直	直
곧을 직					

총 8획 부 目

不

- 훈 아닐 음 불/부
- 중 不 [bù] 뿌

관련한자
不良(불량)
不當(부당)
不正(부정)
不振(부진)
不要不急
(불요불급)

유래

하늘 끝까지 날아가는 새의 모양

설명 1. 하늘 끝까지 날아가는 새는 돌아오지 않는다는 의미로, 아니다라는 뜻의 글자
2. 새가 아무리 높이 날아도 하늘 끝에는 닿지 않는다는 의미로, 아니다라는 뜻의 글자

平

- 훈 평평할 음 평
- 중 平 [píng] 핑

관련한자
平均(평균)
平等(평등)
平生(평생)
平凡(평범)
平準(평준)

유래

물 위에 떠 있는 풀잎이 수면과 같이 평평한 모양

설명 물 위에 떠 있는 풀잎이 수면과 같이 평평하다라는 뜻의 글자

有

- 훈 있을 음 유:
- 중 有 [yǒu] 여우

관련한자
有能(유능)
有力(유력)
有利(유리)
有望(유망)
占有(점유)

유래

손으로 고깃덩어리를 들고 있는 모양

설명 손(厂)에 고기(有) 덩어리를 가지고 있는 데서 소유하거나 물건이 있다는 의미로, 있다라는 뜻의 글자

姓

- 훈 성 음 성:
- 중 姓 [xìng] 씽

관련한자
百姓(백성)
他姓(타성)
姓氏(성씨)
同姓(동성)
同姓同本
(동성동본)

유래

1. 다소곳이 앉아 있는 여자의 모습
2. 땅에서 풀과 나무들의 싹이 생겨 나오는 모양

설명 계집 녀(女)와 날 생(生)이 합쳐진 글자로, 여자가 아이를 낳으면 다른 사람과 구별하기 위해 그 아이에게 조상의 성을 붙여준다는 의미로, 성이라는 뜻의 글자

아닐 불/부

총 4획   부 一

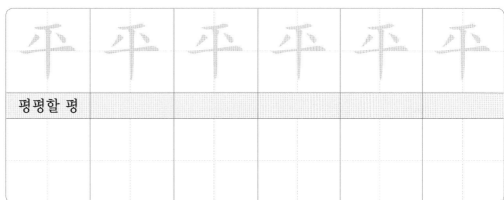

평평할 평

총 5획   부 干

있을 유

총 6획   부 月

성 성

총 8획   부 女

名

훈 이름 **음** 명
중 名 [míng] 밍

관련한자
名答(명답)
名馬(명마)
名望(명망)
名色(명색)
署名(서명)

유래

名 ▶ 名 ▶ 名

보이지 않는 깜깜한 저녁에 입으로 이름을 말하는 모양

설명 달이 뜬 저녁(夕)에는 깜깜하여 보이지 않으므로 입(口)으로 이름을 말해야 누구인지 알 수 있다는 의미로, 이름이라는 뜻의 글자

住

훈 살 **음** 주:
중 住 [zhù] 쭈

관련한자
住民(주민)
住宅(주택)
移住(이주)
入住(입주)
衣食住
(의식주)

유래

住 ▶ 住 ▶ 住

사람과 중심이 되는 장소를 나타낸 모양

설명 사람 인(人)과 주인 주(主)가 합쳐진 글자로, 사람은 옮겨 다니지 않고 일정한 장소에 주로 머물러 산다는 의미로, 산다는 뜻의 글자

所

훈 바/곳/장소 **음** 소:
중 所 [suǒ] 수어

관련한자
所見(소견)
所望(소망)
所信(소신)
所願(소원)
所屬(소속)

유래

외짝문이 달린 창고와 도끼의 모양

설명 창고(戶)에는 도끼(斤)와 같은 중요한 것을 넣어 두어야 하는 바라는 의미로, 바라는 뜻의 글자
*바 : 「~것」이라는 의미 예) 느낀 바를 말씀하시오.   *다른 뜻 : 곳 소, 장소 소

市

훈 저자/시장 **음** 시:
중 市 [shì] 스

관련한자
市立(시립)
市中(시중)
市廳(시청)
證市(증시)
暗市場
(암시장)

유래

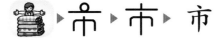

옷감이나 베를 사람의 머리부분까지 높게 쌓아둔 모양

설명 옷감이나 베(巾)를 사람의 머리 부분(亠)까지 높게 쌓아두고 사고파는 곳이 시장이라는 뜻의 글자

名 名 名 名 名 名

이름 명

총 6획 부 口

住 住 住 住 住 住

살 주

총 7획 부 亻

所 所 所 所 所 所

바/곳/장소 소

총 8획 부 戶

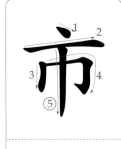

市 市 市 市 市 市

저자/시장 시

총 5획 부 巾

世

관련한자
世界(세계)
世上(세상)
世態(세태)
俗世(속세)
世紀(세기)

유래
卅 ▶ 世 ▶ 世 ▶ 世

열 십 2개를 더한 후 다시 십을 더한 30의 모양

훈 인간/대/세상 **음** 세:
중 世 [shì] 스

설명 열 십(十) 2개에 다시 십을 더해 30을 나타낸 모양. 아버지 세대에서 아들 세대로의 한 세대 기간 이 30년이라는 의미로, 세대·대라는 뜻의 글자 *다른 뜻 : 세상 세

間

관련한자
間食(간식)
間接(간접)
空間(공간)
夜間(야간)
人間(인간)

유래

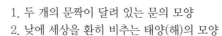
間

1. 두 개의 문짝이 달려 있는 문의 모양
2. 낮에 세상을 환히 비추는 태양(해)의 모양

훈 사이 **음** 간(:)
중 间 [jiān] 지엔

설명 문 문(門)과 날 일(日)이 합쳐진 글자로, 문의 틈 사이로 햇빛이 들어온다는 의미로, 사이를 뜻하는 글자

電

관련한자
電氣(전기)
電子(전자)
電車(전차)
電鐵(전철)
發電(발전)

유래
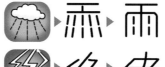

電

1. 구름에서 빗방울이 떨어지는 모양
2. 번개가 치는 모양

훈 번개/전기 **음** 전:
중 电 [diàn] 띠엔

설명 비가(雨) 오는 날에 번쩍하고 빛이(電 하늘이 갈라진 모양) 펼쳐지는 것이 번개라는 뜻의 글자
*다른 뜻 : 전기 전

氣

관련한자
氣力(기력)
氣流(기류)
氣分(기분)
氣運(기운)
浩然之氣
(호연지기)

유래

氣

1. 솥에서 모락모락 올라오는 김의 모양
2. 벼의 낟알이 붙어 있는 모양

훈 기운 **음** 기
중 气 [qì] 치

설명 쌀(米)로 밥을 지을 때 피어오르는 증기(气 김)의 기운을 의미하여, 기운이라는 뜻의 글자

인간/대/세상 세

총 5획 부 一

사이 간

총 12획 부 門

번개/전기 전

총 13획 부 雨

기운 기

총 10획 부 气

車

- 훈 수레 음 거/차
- 중 车 [chē] 쳐

관련한자
汽車 (기차)
馬車 (마차)
列車 (열차)
電車 (전차)
自轉車 (자전거)

유래

전쟁에서 쓰던 수레 차의 모양

와!! 큰 수레다!

설명 양쪽에 바퀴가 달린 수레의 모양으로, 수레를 뜻하는 글자 *다른 음 : 수레 거
*사람의 힘으로 움직이면 '거', 동력으로 하면 音(음)을 '차'로 함

百

- 훈 일백 음 백
- 중 百 [bǎi] 바이

관련한자
百方 (백방)
百歲 (백세)
百藥 (백약)
百戰 (백전)
百年佳約 (백년가약)

유래

손가락 위에 나무를 올린 모양

이것봐! 100초 백 초 동안 안떨어 졌어!

설명 흰 엄지손가락 위에 막대기(一)를 올리고, 떨어지지 않게 중심을 잡아 숫자를 일백까지 세는(白) 옛날 놀이에서 나온 것으로, 일백이라는 뜻의 글자

千

- 훈 일천 음 천
- 중 千 [qiān] 치엔

관련한자
千古 (천고)
千年 (천년)
千秋 (천추)
千字文 (천자문)
千辛萬苦 (천신만고)

유래

다리 사이에 긴 막대를 끼운 모양

이것봐~ 천 걸음이나 걸어 왔어!

설명 나무 막대를 다리 사이에 끼워서 떨어뜨리지 않고 숫자를 일천까지 헤아리는 옛날 놀이에서 나와, 일천을 뜻하는 글자

算

- 훈 셈/셈할 음 산:
- 중 算 [suàn] 쑤안

관련한자
算出 (산출)
加算 (가산)
檢算 (검산)
決算 (결산)
豫算 (예산)

유래
1. 대나무를 나타낸 모양
2. 조개를 양손으로 들고 있는 모양

조개껍질은 6개. 대나무는 5개.

설명 옛날, 화폐(돈)인 조개(貝)를 주고받는 (廾) 계산을 할 때 작은 대나무(竹) 조각으로 그 수를 헤아려 셈을 한 데서, 셈하다라는 뜻의 글자

車 | 車 | 車 | 車 | 車 | 車

수레 거/차

총 7획 부 車

百 | 百 | 百 | 百 | 百 | 百

일백 백

총 6획 부 白

千 | 千 | 千 | 千 | 千 | 千

일천 천

총 3획 부 十

算 | 算 | 算 | 算 | 算 | 算

셈/셈할 산

총 14획 부 竹

數

관련한자
數量(수량)
同數(동수)
倍數(배수)
分數(분수)
權謀術數
(권모술수)

유래

1. 조개를 실에 꿰어놓은 모양
2. 다소곳이 앉아 있는 여자의 모습
3. 손에 나뭇가지를 들고 있는 모양

설명 옛날, 화폐(돈)로 사용한 조개(貝)를 여자(女)가 막대기로 하나둘 치면서(攵) 세는 모습을 의미하여, 숫자를 세다는 뜻의 글자

훈 셈 **음** 수:
중 数 [shǔ] 슈

旗

관련한자
旗手(기수)
校旗(교기)
弔旗(조기)
白旗(백기)
太極旗
(태극기)

유래

1. 모여 있는 무리를 표시하는 깃발
2. 제일 높은 대장군의 모습

설명 전쟁 때, 대장군이 있는 곳에 제일 큰 깃발이 높게 펄럭이고 있는 모양으로, 깃발 · 기를 뜻하는 글자

훈 기 **음** 기
중 旗 [qí] 치

文

관련한자
文科(문과)
文句(문구)
文具(문구)
文明(문명)
文書(문서)

유래

사람들이 옷 대신 가슴과 팔 등에 그림과 글씨로 문신을 새긴 모양

설명 옛날 옷이 없을 무렵, 사람들이 옷 대신 가슴과 팔 등에 그림과 글씨로 문신을 새긴 모양으로, 무늬 · 글자(글월)라는 뜻의 글자

훈 글월 **음** 문
중 文 [wén] 원

字

관련한자
活字(활자)
字源(자원)
字音(자음)
字訓(자훈)
英字(영자)

유래

집안에 아기가 자꾸 늘어나는 모양

설명 집(宀)안에 아기(子)가 태어나 가족이 늘어나는 모양으로, 글자도 자꾸자꾸 많이 늘어난다는 데서 글자라는 뜻의 글자

훈 글자 **음** 자
중 字 [zì] 쯔

數

셈/셀 수

총 15획 부 攵

旗

기 기

총 14획 부 方

文

글월 문

총 4획 부 文

字

글자 자

총 6획 부 子

漢

훈 한수/한나라 **음** 한:
중 汉 [hàn] 한

漢城(한성)
漢字(한자)
漢學(한학)
怪漢(괴한)
漢四郡
(한사군)

유래

1. 흐르는 물의 모양
2. 가죽처럼 질긴 진흙을 나타낸 모양

설명 옛날 중국의 여러 나라 중 물(氵)과 진흙(堇)이 많은 양자강 상류에 세워졌던 큰 나라가 한나라라는 뜻의 글자 *다른 뜻 : 한수 한

語

훈 말씀 **음** 어:
중 语 [yǔ] 위

관련한자
語感(어감)
語文(어문)
語學(어학)
單語(단어)
語源(어원)

유래

1. 날카롭게 찌르는 창처럼 거침없이 말하는 입의 모양
2. 손으로 자기 자신을 가리키고 있는 모양

설명 사람은 누구나 각자 말(言)로써 자기 자신(吾)의 의견을 나타내는데, 그것이 말씀이라는 뜻의 글자

登

훈 오를 **음** 등
중 登 [dēng] 떵

관련한자
登校(등교)
登記(등기)
登錄(등록)
登場(등장)
登高自卑
(등고자비)

유래

높은 곳에 물건을 올려 놓기 위해서는 발을 받침대 위에 올려야 한다는 의미

설명 받침대 위(豆)에 양발(癶)이 올라가 있는 모양으로, 높은 곳에 물건을 올려놓기 위해서는 발을 받침대 위에 올려야 한다는 의미로, 오르다라는 뜻의 글자

工

훈 장인 **음** 공
중 工 [gōng] 꿍

관련한자
工大(공대)
工事(공사)
工業(공업)
工場(공장)
施工(시공)

유래

물건을 만드는 도구 모양으로 장인을 나타냄

설명 나무를 깎거나 집을 지을 때 사용하던 도구를 나타내어, 물건을 만드는 사람인 장인을 뜻하는 글자

漢	漢	漢	漢	漢	漢
한수/한나라 한					

총 14획 부 氵

語	語	語	語	語	語
말씀 어					

총 14획 부 言

登	登	登	登	登	登
오를 등					

총 12획 부 癶

工	工	工	工	工	工
장인 공					

총 3획 부 工

夫

관련한자
漁夫(어부)
人夫(인부)
兄夫(형부)
鑛夫(광부)
夫婦有別(부부유별)

유래

夫 ▶ 夫 ▶ 夫
장가를 들어 상투를 틀어 갓을 쓰고 있는 남자어른의 모양

훈 지아비/사내 **음** 부
중 夫 [fū] 푸

설명 장가를 들어 상투를 틀어 갓(一)을 쓰고 있는 어른(大)의 모양으로, 지아비라는 뜻의 글자
*지아비 : 남편을 낮추어 부르는 말 *다른 뜻 : 사내 부

問

관련한자
問答(문답)
問病(문병)
問議(문의)
問題(문제)
東問西答(동문서답)

유래

問
1. 두 개의 문짝이 달려 있는 문의 모양
2. 사람의 입을 나타낸 모양

훈 물을 **음** 문:
중 问 [wèn] 원

설명 문 문(門)과 입 구(口)가 합쳐진 글자로, 스승의 집 문 앞에서 모르는 것을 입으로 물어본다는 의미로, 묻다라는 뜻의 글자

答

관련한자
答訪(답방)
答案(답안)
對答(대답)
應答(응답)
自問自答(자문자답)

유래

答
1. 대나무를 나타낸 모양
2. 여러 의견의 말(입)이 하나로 합한 모양

훈 대답 **음** 답
중 答 [dá] 다

설명 대 죽(竹)과 합할 합(合)을 합친 글자로, 옛날 사람들의 편지인 대나무 죽간에 써서 보내온 글의 내용에 대해 합당한(합한) 대답을 한다는 의미로, 대답하다라는 뜻의 글자

記

관련한자
記錄(기록)
登記(등기)
暗記(암기)
日記(일기)
一代記(일대기)

유래
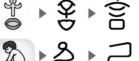
記
1. 날카롭게 찌르는 창처럼 거침없이 말하는 입의 모양
2. 손을 무릎 위에 올리고 꿇어앉아 있는 사람의 모양으로, 자신의 몸을 나타냄

훈 적을/기록할 **음** 기
중 记 [jì] 찌

설명 다른 사람이 말(言) 하는 것을 몸을 구부려(己) 글로 적는 모습을 나타내어, 적다라는 뜻의 글자

夫 夫 夫 夫 夫 夫

지아비/사내 부

총 4획   부 大

問 問 問 問 問 問

물을 문

총 11획   부 口

答 答 答 答 答 答

대답 답

총 12획   부 竹

記 記 記 記 記 記

적을/기록할 기

총 10획   부 言

午

관련한자	유래

午前(오전)
端午(단오)
上午(상오)
正午(정오)
下午(하오)

해시계의 막대 그림자가 일직선이 되는 낮 12시의 모양

훈 낮　음 오:
중 午 [wǔ] 우

설명 옛날 사람들은 해가 비추는 방향의 그림자로 시간을 알았는데, 해시계의 막대 그림자가 중앙에 일직선이 되는 낮 12시의 모양을 나타내 낮이라는 뜻의 글자

時

관련한자	유래

時間(시간)
時急(시급)
時速(시속)
臨時(임시)
晩時之歎
(만시지탄)

절에서 날마다 종을 쳐서 하루의 시간을 알려준 모양

훈 때　음 시
중 時 [shí] 스

설명 날 일(日)과 절 사(寺)가 합쳐진 글자로, 옛날에는 관청이나 절(寺)에서 날(日)마다 종을 쳐서 하루의 시간, 때를 알려 주었다는 뜻의 글자

夕

관련한자	유래

夕照(석조)
夕陽(석양)
秋夕(추석)
七夕(칠석)
夕刊(석간)

저녁에 떠오른 달의 모양

훈 저녁　음 석
중 夕 [xī] 시

설명 어두운 저녁(夕) 무렵, 산 뒤로 보이는 달의 모양으로, 저녁이라는 뜻의 글자

來

관련한자	유래

來年(내년)
來訪(내방)
到來(도래)
去來(거래)
未來(미래)

하늘의 신선이 보리를 가지고 온 것을 나타내는 모양

훈 올　음 래(내):
중 來 [lái] 라이

설명 옛날 벼농사가 흉년이 되어 사람들이 굶어 죽어갈 때 하늘에서 온 신선이 보리(麥)를 가지고 와서 모두 구해 줬다는 의미로, 오다라는 뜻의 글자

午   午   午   午   午   午

낮 오

총 4획 **부** 十

時   時   時   時   時   時

때 시

총 10획 **부** 日

夕   夕   夕   夕   夕   夕

저녁 석

총 3획 **부** 夕

來   來   來   來   來   來

올 래(내)

총 8획 **부** 人

每

훈 매양/늘 **음** 매(:)
중 每 [měi] 메이

| 관련한자 | 유래 |

每年(매년)
每番(매번)
每事(매사)
每日(매일)
每週(매주)

풀은 어머니인 땅에서 싹이 늘 잇달아 나온다는 의미

설명 풀(艸)은 어머니(母)인 땅에서 싹이 늘[항상] 잇달아 나온다는 의미로, 늘 · 매양이라는 뜻의 글자

安

훈 편안 **음** 안
중 安 [ān] 안

| 관련한자 | 유래 |

安全(안전)
安定(안정)
問安(문안)
不安(불안)
坐不安席
(좌불안석)

집안 일을 여자가 잘 해내어 편안한 모양

설명 집(宀)안 일을 여자(女)가 잘 해내어 집안이 안정되고 편안하다는 의미로, 편안하다라는 뜻의 글자

全

훈 온전/모두 **음** 전
중 全 [quán] 취엔

| 관련한자 | 유래 |

全景(전경)
全部(전부)
全員(전원)
全集(전집)
健全(건전)

온전하고 흠이 없는 옥구슬을 집 안으로 들이는 모양

설명 흠(결함)이 없고 온전한 옥구슬(玉)을 캐내어 모두 집 안으로 들이는(入) 모양으로, 온전하다라는 뜻의 글자   *다른 뜻 : 모두 전

活

훈 살 **음** 활
중 活 [huó] 후어

| 관련한자 | 유래 |

活動(활동)
活力(활력)
活用(활용)
復活(부활)
生活(생활)

1. 흐르는 물의 모양
2. 꿈틀꿈틀 살아 있는 혀의 모양

설명 마음대로 살아 움직이는 사람의 혀(舌)처럼, 흐르는 물(水)이 마치 살아 있는 것같이 활기찬 모양으로, 살아 있다라는 뜻의 글자

每

매양/늘 매

총 7획   부 毋

安

편안 안

총 6획   부 宀

全

온전/모두 전

총 6획   부 入

活

살 활

총 9획   부 氵

動

관련한자	유래

動機(동기)
動靜(동정)
動力(동력)
動産(동산)
驚天動地
(경천동지)

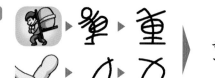

1. 사람이 무거운 짐을 등에 지고 서 있는 모양
2. 팔의 근육 모양으로 힘을 나타낸다

훈 움직일 **음** 동:
중 动 [dòng] 똥

설명 무거운(重) 것을 힘(力)을 써서 움직인다라는 뜻의 글자

休

관련한자	유래

休暇(휴가)
休校(휴교)
休息(휴식)
休學(휴학)
年休(연휴)

나무 밑에서 쉬고 있는 사람의 모습

훈 쉴 **음** 휴
중 休 [xiū] 시어우

설명 사람(亻)이 나무(木)에 기대어 잠시 쉬고 있는 모양으로, 쉬다라는 뜻의 글자

便

관련한자	유래

便利(편리)
不便(불편)
便紙(편지)
人便(인편)
便所(변소)

1. 걸어가는 사람의 모양
2. 아궁이의 불을 편리하게 사용하려고 고치는 모양

훈 편할/똥오줌 **음** 편(:)/변
중 便 [biàn] 삐엔

설명 사람(亻)이 아궁이의 꺼져 가는 불을 되살려(更) 편리하게 사용하려고, 긴 막대로 고치고 있다는 의미로, 편하다라는 의미의 글자 *다른 뜻 : 똥오줌 변(예: 便所 변소)

紙

관련한자	유래

紙價(지가)
用紙(용지)
便紙(편지)
標紙(표지)
答案紙
(답안지)

1. 실타래를 나타낸 모양
2. 땅속의 나무뿌리가 뻗어 나가는 모양

훈 종이 **음** 지
중 紙 [zhǐ] 즈

설명 가는 실(糸)과 같은 섬유질을 나무뿌리(氏)처럼 얽혀서 만든 것이 종이라는 뜻의 글자

움직일 동

총 11획 부 力

쉴 휴

총 6획 부 亻

편할/똥오줌 편/변

총 9획 부 亻

종이 지

총 10획 부 糸

孝

관련한자	유래
孝女(효녀)	
孝誠(효성)	
孝心(효심)	
孝子(효자)	
不孝(불효)	

부모(노인)를 등에 업고 즐거워하는 자식의 모습

훈 효도 **음** 효:
중 孝 [xiào] 시아오

설명 노인(耂)을 등에 업고 있는 자식(子)의 모습으로, 부모를 공경하는 행동에서 효도라는 뜻의 글자

道

관련한자
道具(도구)
道人(도인)
道通(도통)
弓道(궁도)
柔道(유도)

유래

1. 사람의 머리를 나타낸 모양
2. 멈춘 발이 조금 조금씩 움직여 가는 모양

훈 길 **음** 도:
중 道 [dào] 따오

설명 사람(머리 首로 표시)이 발을 움직이는 곳(辶)은 '걸어 다닐 수 있는 길'이란 의미에서 나와, 길을 뜻하는 글자.

祖

관련한자
祖國(조국)
祖母(조모)
祖父(조부)
先祖(선조)
始祖(시조)

유래

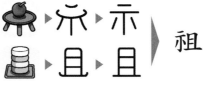

1. 제사 때 신에게 보이는 제물의 모양
2. 떡을 많이 많이 쌓아올린 모양

훈 할아비/조상 **음** 조
중 祖 [zǔ] 주

설명 할아버지는 높은 어른이므로 제사(示)를 지낼 때, 제기(且)에 음식을 가득가득 쌓아서 그 덕을 기린다는 의미로, 할아버지(할아비)를 뜻하는 글자 *다른 뜻 : 조상 조

江

관련한자
江村(강촌)
漢江(한강)
江北(강북)
江陵(강릉)
渡江(도강)

유래

일을 마친 도구를 씻는 흐르는 강물의 모양

훈 강 **음** 강
중 江 [jiāng] 지앙

설명 물 수(氵)와 장인 공(工)이 합쳐진 글자로, 일을 하고 난 뒤 도구를 흐르는 강물에 씻는다는 의미로, 강을 뜻하는 글자
*원래 장인 공(工)은 「강」, 「공」, 「항」 등의 음소리를 나타내는데 여기서는 강소리를 가짐

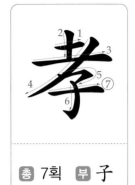

孝

효도 도

총 7획 부 子

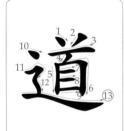

道

길 도

총 13획 부 辶

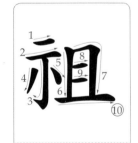

祖

할아비/조상 조

총 10획 부 示

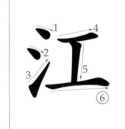

江

강 강

총 6획 부 氵

海

훈	바다	음	해:
중	海 [hǎi] 하이		

관련한자
海軍(해군)
海女(해녀)
海路(해로)
海面(해면)
桑田碧海
(상전벽해)

유래

1. 흐르는 물의 모양
2. 풀은 어머니인 땅에서 싹이 늘 잇달아 나온다는 의미

설명 풀이 어머니(每)인 땅에서 점점 자라나서 무성히 커지듯이 물(氵)도 점점 모여서 나중에는 바다가 된다라는 뜻의 글자

心

훈	마음/가운데	음	심
중	心 [xīn] 신		

관련한자
心境(심경)
心理(심리)
心弱(심약)
內心(내심)
切齒腐心
(절치부심)

유래
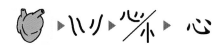
사람의 심장 모양으로 마음을 나타냄

설명 사람의 심장 안에 따뜻한 마음이 있다는 것으로, 마음을 뜻하는 글자

色

훈	빛	음	색
중	色 [sè] 쓰어		

관련한자
色相(색상)
色紙(색지)
無色(무색)
彩色(채색)
各樣各色
(각양각색)

유래

사람이 뱀처럼 칭칭 몸을 안고 있는 모양

설명 사람(人)이 뱀(巴)처럼 몸을 서로 부둥켜 안고 좋아하는 모양으로, 사랑을 할 때 얼굴과 몸의 색깔이 윤이 나서 빛을 낸다는 의미로, 빛이라는 뜻의 글자

同

훈	한가지	음	동
중	同 [tóng] 퉁		

관련한자
同期(동기)
同氣(동기)
同感(동감)
同居(동거)
同苦同樂
(동고동락)

유래

집 안 회의에서 여러 사람의 의견이 한 가지로 된 모양

설명 집 안(冂) 회의에서 여러 사람의 의견(口)이 일치(一)하여 한가지로 되었다는 뜻의 글자

海 海 海 海 海 海

바다 해

총 10획 **부** 氵

心 心 心 心 心 心

마음/가운데 심

총 4획 **부** 心

色 色 色 色 色 色

빛 색

총 6획 **부** 色

同 同 同 同 同 同

한가지 동

총 6획 **부** 口

立

관련한자	유래
立件(입건)	
立場(입장)	땅 위에 두 팔과 두 다리를 벌리고 곧게 서 있는 사람의 모양
建立(건립)	
對立(대립)	
成立(성립)	

훈 설 **음** 립(입)
중 立 [lì] 리

설명 땅 위에 사람이 두 팔과 두 다리(立)를 벌리고 우뚝 서 있는 모습으로, 서다라는 뜻의 글자

場

관련한자	유래
場面(장면)	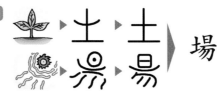
工場(공장)	1. 만물이 자라는 땅(흙)을 나타낸 모양
廣場(광장)	2. 햇볕이 쨍쨍 내리쬐는 모양
農場(농장)	
一場春夢 (일장춘몽)	

훈 마당/장소/시장 **음** 장
중 場 [chǎng] 창

설명 햇볕(易)이 잘 드는 양지 바른 땅(土)은 마당이라는 뜻의 글자

歌

관련한자	유래
校歌(교가)	
國歌(국가)	1. 여러 사람이 입을 크게 벌리고 옳게 소리를 내는 모양
祝歌(축가)	2. 사람이 입을 크게 벌려 하품을 하는 모양
愛國歌(애국가)	
四面楚歌 (사면초가)	

훈 노래 **음** 가
중 歌 [gē] 끄어

설명 여러 사람이 입을 크게 벌리고(欠) 틀리지 않고 옳게 소리(哥)를 내는 것은 노래라는 의미로, 노래라는 뜻의 글자

話

관련한자	유래
話法(화법)	
秘話(비화)	
說話(설화)	1. 날카롭게 찌르는 창처럼 거침없이 말하는 입의 모양
電話(전화)	2. 꿈틀꿈틀 살아 있는 혀의 모양
會話(회화)	

훈 말씀/말할 **음** 화
중 话 [huà] 후아

설명 사람이 말(言)을 할 때는 입속의 혀(舌)를 움직여서 한다는 의미로, 말하다라는 뜻의 글자

총 5획 **부** 立

立 立 立 立 立 立

설 립(입)

총 12획 **부** 土

場 場 場 場 場 場

마당/장소/시장 장

총 14획 **부** 欠

歌 歌 歌 歌 歌 歌

노래 가

총 13획 **부** 言

話 話 話 話 話 話

말씀/말할 화

重

관련한자
重大(중대)
重力(중력)
重視(중시)
重用(중용)
隱忍自重
(은인자중)

유래

사람이 무거운 짐을 등에 지고 서 있는 모양

(훈) 무거울 (음) 중:
(중) 重 [zhòng] 쭝

설명 사람이 무거운 짐을 등에 지고 서 있는 모양으로, 무겁다라는 뜻의 글자

春

관련한자
春分(춘분)
春秋(춘추)
賣春(매춘)
思春期(사춘기)
一場春夢
(일장춘몽)

유래

따뜻한 햇볕을 받아 땅 위로 새싹이 돋는 계절의 모양

(훈) 봄 (음) 춘
(중) 春 [chūn] 춘

설명 따뜻한 햇볕(日)을 받아 땅 위로 돋아 오른(屯) 새싹(艹)들의 모양으로, 새싹이 피는 봄을 뜻하는 글자

夏

관련한자
夏期(하기)
夏至(하지)
夏季(하계)
立夏(입하)
春夏秋冬
(춘하추동)

유래

머리 끝부터 발 끝까지를 나타낸 모양

(훈) 여름 (음) 하:
(중) 夏 [xià] 시아

설명 날씨가 너무 더워 머리(頁) 끝부터 발(夊) 끝까지 다 벗고 드러내는 계절이 여름이라는 뜻의 글자

秋

관련한자
秋分(추분)
秋收(추수)
立秋(입추)
春秋(춘추)
秋風落葉
(추풍낙엽)

유래

1. 벼의 이삭이 익어 고개숙인 모양
2. 나무에 불이 붙어 활활 타오르는 불의 모양

(훈) 가을 (음) 추
(중) 秋 [qiū] 치어우

설명 벼 화(禾)와 불 화(火)가 합쳐진 글자로, 들판의 벼가 불에 타듯이 불그스레 익어가는 계절이 가을이라는 뜻의 글자

重

重 重 重 重 重 重

무거울 중

총 9획 부 里

春

春 春 春 春 春 春

봄 춘

총 9획 부 日

夏

夏 夏 夏 夏 夏 夏

여름 하

총 10획 부 夊

秋

秋 秋 秋 秋 秋 秋

가을 추

총 9획 부 禾

冬

훈 겨울 **음** 동(:)
중 冬 [dōng] 똥

관련한자
暖冬(난동)
立冬(입동)
冬服(동복)
冬眠(동면)
嚴冬雪寒
(엄동설한)

유래

1. 빨리 가지 못해 뒤처진 의미로 발이 거꾸로 된 모양
2. 처마 밑에 고드름이 얼어 있는 모양

설명 사계절 중 가장 뒤처져(夂뒤쳐져 올 치는 終의 原字) 오며, 얼음(冫)이 어는 계절은 겨울이라는 뜻의 글자

空

훈 빌/헛될 **음** 공
중 空 [kōng] 콩

관련한자
空間(공간)
空軍(공군)
空中(공중)
領空(영공)
卓上空論
(탁상공론)

유래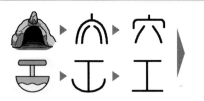

1. 옛날 집대신 사람들이 살았던 동굴의 모양
2. 물건을 만드는 도구 모양으로 장인을 나타냄

설명 도구(工)로 구멍(穴)을 파내면 그 속은 하늘과 같이 텅 비어 있다는 의미로, 비다라는 뜻의 글자
　　　*다른 뜻 : 하늘 공, 헛될 공

植

훈 심을 **음** 식
중 植 [zhí] 즈

관련한자
植物(식물)
植樹(식수)
移植(이식)
植木日(식목일)
植民地(식민지)

유래

1. 뿌리부터 가지까지의 나무 전체를 나타낸 모양
2. 구석의 조그만 구멍을 열 사람이 자세히 보는 모양

설명 나무(木)를 곧게(直) 세우는 것은 식물(나무)을 심는다는 의미로, 심다라는 뜻의 글자

物

훈 물건/만물 **음** 물
중 物 [wù] 우

관련한자
物件(물건)
物望(물망)
貝物(패물)
生物(생물)
物我一體
(물아일체)

유래

1. 소의 머리 모양
2. 바람에 나부끼는 큰 깃발로 무엇을 대표하여 상징하는 모양

설명 농사를 도와주는 소(牛)는 옛날 가장 중요하고 대표적인 물건이라는 뜻의 글자

冬 冬 冬 冬 冬 冬

겨울 동

총 5획 부 冫

空 空 空 空 空 空

빌/헛될 공

총 8획 부 穴

植 植 植 植 植 植

심을 식

총 12획 부 木

物 物 物 物 物 物

물건/만물 물

총 8획 부 牛

花

관련한자	유래
開花(개화) 國花(국화) 木花(목화) 造花(조화) 錦上添花 (금상첨화)	 풀의 모양이 변화하여 꽃이 되는 모양

훈 꽃/빛날 **음** 화
중 花 [huā] 후아

설명 풀(艹)의 모양이 변화(化)하여 꽃이 되어가는 신기한 모양을 나타낸 글자

草

관련한자	유래
草綠(초록) 草野(초야) 草屋(초옥) 蘭草(난초) 勿忘草 (물망초)	 이른 아침 싱그럽게 돋아 있는 풀들의 모양

훈 풀 **음** 초
중 草 [cǎo] 차오

설명 이른(早) 아침 싱그럽게 돋아 있는 풀(艹)의 모양으로, 풀을 뜻하는 글자

林

관련한자	유래
林野(임야) 農林(농림) 密林(밀림) 造林(조림) 竹林七賢 (죽림칠현)	 나무들이 모여 숲을 이루고 있는 모양

훈 수풀 **음** 림(임)
중 林 [lín] 린

설명 나무(木)들이 모여 숲을 이루고 있다는 데서 수풀이라는 뜻의 글자

農

관련한자	유래
農家(농가) 農歌(농가) 農場(농장) 農地(농지) 歸農(귀농)	 1. 굽이굽이 넓고 큰 밭을 나타낸 모양 2. 조개가 움직이며 혀를 내민 모양

훈 농사 **음** 농
중 农 [nóng] 농

설명 조개가 움직이는 삼월이면 농사철을 알리는 전갈자리 별이 나타나는데, 이때는 별(辰月 = 만물이 꿈틀대는 3월)이 보이는 이른 새벽부터 큰 밭(田)에 나가 농사를 짓는다는 의미로, 농사를 뜻하는 글자

花 花 花 花 花 花

꽃/빛날 화

총 8획 부 艹

草 草 草 草 草 草

풀 초

총 10획 부 艹

林 林 林 林 林 林

수풀 림(임)

총 8획 부 木

農 農 農 農 農 農

농사 농

총 13획 부 辰

村

훈 마을/시골 **음** 촌:
중 村 [cūn] 춘

관련한자
村落(촌락)
村長(촌장)
江村(강촌)
農村(농촌)
山村(산촌)

유래

1. 뿌리부터 가지까지의 나무 전체를 나타낸 모양
2. 손목에서 맥박이 뛰는 곳까지의 길이가 한 치(약 3cm)라는 표시

설명 나무 목(木)과 마디 촌(寸)이 합쳐진 글자로, 고을의 수호신인 큰 나무들 중심으로 질서 있고 법도에 맞추어 모여 사는 곳이 시골 마을이라는 의미로, 마을이라는 뜻의 글자　　*다른 뜻 : 시골 촌

洞

훈 골/밝을 **음** 동:/통:
중 洞 [dòng] 똥

관련한자
洞里(동리)
洞長(동장)
空洞(공동)
洞達(통달)
洞察(통찰)

유래

같은 물을 먹고사는 마을을 나타내는 모양

같은 물을 마시는 우리동네사람.

설명 물 수(水)와 같을 동(同)을 합친 글자. 냇물이나 우물 등 같은 물을 먹고사는 사람들이 모여 있는 곳이 골(마을)이라는 뜻의 글자

里

훈 마을 **음** 리(이):
중 里 [lǐ] 리

관련한자
洞里(동리)
十里(십리)
千里(천리)
鄕里(향리)
不遠千里
(불원천리)

유래

곡식을 주는 밭이 많은 땅에서 마을을 이룬다는 의미의 모양

이곳에 곡식이 풍성하게 열리는 군요.
여기가 마을을 세우기 딱 좋군요.

설명 사람에게 양식(곡식)을 주는 밭(田)이 많은 땅(土)에는 사람들이 모여들어 마을을 이룬다는 의미로, 마을이라는 뜻의 글자

邑

훈 고을 **음** 읍
중 邑 [yì] 이

관련한자
邑民(읍민)
邑長(읍장)
邑村(읍촌)
都邑(도읍)
食邑(식읍)

유래

일정한 울타리 안에서 사람들이 조용히 모여 사는 모양

산 아래 고을이 있구나.

설명 일정한 울타리 안에서 사람들이 조용히 모여 사는 곳이 고을(마을)이라는 뜻의 글자

村 村 村 村 村 村

마을/시골 촌

총 7획   부 木

洞 洞 洞 洞 洞 洞

골/밝을 동/통

총 9획   부 氵

里 里 里 里 里 里

마을 리

총 7획   부 里

邑 邑 邑 邑 邑 邑

고을 읍

총 7획   부 邑

순번	한자	중국어	병음 총획	따라쓰기		
1	間 사이 간	间	[jiān] 지엔 / 7획	间	间	间
2	電 번개/전기 기	电	[diàn] 띠엔 / 5획	电	电	电
3	氣 기운 기	气	[qì] 치 / 4획	气	气	气
4	車 수레 거/차	车	[chē] 쳐 / 4획	车	车	车
5	數 셀 수	数	[shǔ] 슈 / 13획	数	数	数
6	漢 한수/한나라 한	汉	[hàn] 한 / 5획	汉	汉	汉
7	語 말씀 어	语	[yǔ] 위 / 9획	语	语	语
8	問 물을 문	问	[wèn] 원 / 6획	问	问	问
9	記 기록할/적을 기	记	[jì] 찌 / 5획	记	记	记
10	時 때 시	时	[shí] 스 / 7획	时	时	时

순번	한자	중국어	병음 총획	따라쓰기		
11	來 올 래	来	[lái] 라이 / 7획	来	来	来
12	動 움직일 동	动	[dòng] 똥 / 6획	动	动	动
13	紙 종이 지	纸	[zhǐ] 즈 / 7획	纸	纸	纸
14	場 마당/장소 장	场	[chǎng] 창 / 7획	场	场	场
15	話 말씀/말할 화	话	[huà] 후아 / 8획	话	话	话
16	農 농사 농	农	[nóng] 농 / 6획	农	农	农
17	空 빌 공	空	[kōng] 콩/8획	空	空	空
18	內 안 내	内	[nèi] 네이/4획	内	内	内
19	道 길 도	道	[dào] 따오/12획	道	道	道
20	植 심을 식	植	[zhí] 즈/12획	植	植	植

7급 중국어(간자체)

순번	한자	중국어	병음 총획	따라쓰기		
21	全 온전 전	全	[quán] 취엔/6획	全	全	全
22	祖 할아비 조	祖	[zǔ] 주/9획	祖	祖	祖
23	直 곧을 직	直	[zhí] 즈/8획	直	直	直
24	春 봄 춘	春	[chūn] 춘/9획	春	春	春
25	平 평평할 평	平	[píng] 핑/5획	平	平	平
26	後 뒤 후	后	[hòu] 허우/6획	后	后	后
27	所 바 소	所	[suǒ] 수어/8획	所	所	所
28	花 꽃 화	花	[huā] 후아/7획	花	花	花
29	草 풀 초	草	[cǎo] 차오/9획	草	草	草

부록

1 다음 漢字(한자)의 讀音(독음)을 쓰세요.
(1-15)

例	漢字 ··· 한자

1 八 (　　　) 　　2 六 (　　　)

3 十 (　　　) 　　4 四 (　　　)

5 西 (　　　) 　　6 東 (　　　)

7 父 (　　　) 　　8 母 (　　　)

9 兄 (　　　) 　　10 五 (　　　)

11 學 (　　　) 　　12 年 (　　　)

13 門 (　　　) 　　14 敎 (　　　)

15 室 (　　　)

2 다음 漢字(한자)의 訓(훈:뜻)과 音(음:소리)을 쓰세요.
(16-25)

例	音 ··· 소리 음

16 土 (　　　) 　　17 外 (　　　)

18 北 (　　　) 　　19 七 (　　　)

20 白 (　　　) 　　21 小 (　　　)

22 月 (　　　) 　　23 年 (　　　)

24 王 (　　　) 　　25 金 (　　　)

3 다음에 알맞은 漢字(한자)를 例(예)에서 찾아 그 번호를 쓰세요.
(26-35)

例	① 民　② 火　③ 軍　④ 南　⑤ 先 ⑥ 水　⑦ 日　⑧ 靑　⑨ 萬　⑩ 三

26 푸를 청 (　　　)

27 불 화 (　　　)

28 먼저 선 (　　　)

29 날 일 (　　　)

30 일만 만 (　　　)

31 군사 군 (　　　)

32 남녘 남 (　　　)

33 백성 민 (　　　)

34 석 삼 (　　　)

35 물 수 (　　　)

4 다음 밑줄 친 낱말 뜻에 알맞은 漢字(한자)를 例(예)에서 찾아 그 번호를 쓰세요. (36~40)

例	① 大	② 長	③ 人
	④ 木	⑤ 弟	⑥ 北

동생(36)이 가지고 놀던 공이 큰(37) 나무(38)에 걸려 어떤 사람(39)이 긴(40) 막대기를 써서 내려 주었습니다.

36 동생 (　　　　)

37 큰 (　　　　)

38 나무 (　　　　)

39 사람 (　　　　)

40 긴 (　　　　)

5 아래 글의 ㉠과 ㉡의 밑줄 친 낱말에 공통으로 쓰이는 漢字(한자)를 例(예)에서 찾아 그 번호를 쓰세요. (41~43)

例	① 學	② 國	③ 女
	④ 校	⑤ 生	⑥ 山

41 ㉠ 국군은 나라를 지킵니다. (　　　　)
　　㉡ 외국 사람이 길을 묻고 있습니다.

42 ㉠ 내 생일은 오월에 있습니다. (　　　　)
　　㉡ 나는 학생입니다.

43 ㉠ 어머니는 여자입니다. (　　　　)
　　㉡ 누나는 여학생입니다.

6 다음 漢字(한자)는 무슨 뜻이며 어떤 소리(음)로 읽을까요? 例(예)에서 찾아 그 번호를 써넣으세요. (44~50)

例	① 중	② 바깥	③ 아홉	④ 촌
	⑤ 가운데	⑥ 청	⑦ 마디	⑧ 외

44 中은 (　　　　)(이)라는 뜻입니다.

45 中은 (　　　　)(이)라고 읽습니다.

46 寸은 (　　　　)(이)라는 뜻입니다.

47 寸은 (　　　　)(이)라고 읽습니다.

48 外는 (　　　　)(이)라는 뜻입니다.

49 外는 (　　　　)(이)라고 읽습니다.

50 九는 (　　　　)(을)를 가리키는 글자입니다.

모범답안은 100페이지에 있습니다.

1 다음 漢字(한자)의 讀音(독음)을 쓰세요.
(1–15)

例	漢字 ··· 한자

1 三 (　　　) 　 2 學 (　　　)

3 年 (　　　) 　 4 四 (　　　)

5 二 (　　　) 　 6 十 (　　　)

7 七 (　　　) 　 8 校 (　　　)

9 長 (　　　) 　 10 先 (　　　)

11 生 (　　　) 　 12 兄 (　　　)

13 弟 (　　　) 　 14 父 (　　　)

15 母 (　　　)

2 다음 漢字(한자)의 訓(훈:뜻)과 音(음:소리)을 쓰세요.
(16–25)

例	音 ··· 소리 음

16 中 (　　　) 　 17 大 (　　　)

18 九 (　　　) 　 19 門 (　　　)

20 東 (　　　) 　 21 寸 (　　　)

22 室 (　　　) 　 23 南 (　　　)

24 女 (　　　) 　 25 國 (　　　)

3 다음에 알맞은 漢字(한자)를 例(예)에서 찾아 그 번호를 쓰세요.
(26–35)

例	① 六　② 教　③ 五　④ 王　⑤ 外 ⑥ 民　⑦ 軍　⑧ 西　⑨ 萬　⑩ 金

26 바깥 외 (　　　)

27 쇠 금 (　　　)

28 백성 민 (　　　)

29 서녘 서 (　　　)

30 임금 왕 (　　　)

31 여섯 륙 (　　　)

32 군사 군 (　　　)

33 일만 만 (　　　)

34 가르칠 교 (　　　)

35 다섯 오 (　　　)

4 다음 밑줄 친 낱말 뜻에 알맞은 漢字(한자)를 例(예)에서 찾아 그 번호를 쓰세요. (36-40)

例	① 靑 ② 水 ③ 南
	④ 木 ⑤ 白 ⑥ 山

오랜만에 야외로 나가 흐르는 물(36), 흰(37) 구름이 피어오르는 푸른(38) 하늘, 나무(39)들이 우거진 산(40)을 보니 마음이 상쾌했습니다.

36 물 ( )

37 흰 ( )

38 푸른 ( )

39 나무 ( )

40 산 ( )

5 아래 글의 ㉠과 ㉡의 밑줄 친 낱말에 공통으로 쓰이는 漢字(한자)를 例(예)에서 찾아 그 번호를 쓰세요. (41-43)

例	① 日 ② 國 ③ 人
	④ 校 ⑤ 韓 ⑥ 山

41 ㉠ 한복을 입으니 예쁩니다. ( )
㉡ 금강산은 북한에 있습니다.

42 ㉠ 우리나라에는 훌륭한 인물이 많다. ( )
㉡ 우리 아버지는 시인입니다.

43 ㉠ 내일은 일찍 일어나야 합니다. ( )
㉡ 오늘은 일기를 꼭 쓰겠습니다.

6 다음 漢字(한자)는 무슨 뜻이며 어떤 소리(음)로 읽을까요? 例(예)에서 찾아 그 번호를 써넣으세요. (44-50)

例	① 화 ② 여덟 ③ 아홉 ④ 흙
	⑤ 불 ⑥ 월 ⑦ 토 ⑧ 달

44 土는 ( )(이)라는 뜻입니다.

45 土는 ( )(이)라고 읽습니다.

46 月은 ( )(이)라는 뜻입니다.

47 月은 ( )(이)라고 읽습니다.

48 火는 ( )(이)라는 뜻입니다.

49 火는 ( )(이)라고 읽습니다.

50 八은 ( )(을)를 가리키는 글자입니다.

모범답안은 100페이지에 있습니다.

1 다음 漢字語(한자어)의 讀音(독음)을 쓰세요. (1-32)

例 一月 … 일월

1 自動 ( ) 2 正答 ( )

3 時間 ( ) 4 邑長 ( )

5 來韓 ( ) 6 海外 ( )

7 後門 ( ) 8 王子 ( )

9 農場 ( ) 10 所有 ( )

11 出生 ( ) 12 大字 ( )

13 登山 ( ) 14 左手 ( )

15 工夫 ( ) 16 下車 ( )

17 不動 ( ) 18 火食 ( )

19 立場 ( ) 20 登記 ( )

21 空氣 ( ) 22 立冬 ( )

23 六寸 ( ) 24 萬物 ( )

25 白花 ( ) 26 全力 ( )

27 里長 ( ) 28 重大 ( )

29 電力 ( ) 30 不安 ( )

31 百草 ( ) 32 文學 ( )

2 다음 漢字(한자)의 訓(훈:뜻)과 音(음:소리)을 쓰세요. (33-50)

例 三 … 석 삼

33 來 ( ) 34 同 ( )

35 世 ( ) 36 每 ( )

37 男 ( ) 38 自 ( )

39 文 ( ) 40 家 ( )

41 安 ( ) 42 午 ( )

43 數 ( ) 44 答 ( )

45 間 ( ) 46 全 ( )

47 孝 ( ) 48 氣 ( )

49 話 ( ) 50 千 ( )

3 다음에 漢字語(한자어)의 뜻을 쓰세요. (51-52)

51 夕食 : ( )

52 海上 : ( )

4 다음 訓(훈:뜻)과 音(음:소리)에 맞는 漢字(한자)를 例(예)에서 골라 그 번호를 쓰세요. (53~61)

例	① 足 ② 百 ③ 動 ④ 旗 ⑤ 手
	⑥ 命 ⑦ 色 ⑧ 冬 ⑨ 農 ⑩ 場

53 손 수 (   )　54 농사 농 (   )

55 발 족 (   )　56 빛 색 (   )

57 마당 장 (   )　58 겨울 동 (   )

59 기 기 (   )　60 일백 백 (   )

61 목숨 명 (   )

5 다음 漢字(한자)의 상대 또는 반대되는 한자(한자)를 例(예)에서 골라 그 번호를 쓰세요. (62~64)

例	① 山　② 下　③ 物
	④ 石　⑤ 兄　⑥ 父

62 心 – (   )　63 川 – (   )

64 弟 – (   )

6 다음 괄호 속에 알맞은 漢字(한자)를 例(예)에서 찾아 그 번호를 쓰세요. (65~66)

例	① 水 ② 登 ③ 電 ④ 自

65 (   ) – 校 : 학교에 가는 것

66 (   ) – 生 : 스스로의 힘으로 살아감

7 다음 문장에서 밑줄 친 단어와 같은 뜻을 지닌 漢字(한자)를 例(예)에서 골라 그 번호를 쓰세요. (67~68)

例	① 育　② 右　③ 算　④ 來

67 내 동생은 애완견을 <u>기르고</u> 있습니다.
(   )

68 가게 주인은 <u>셈</u>을 잘합니다.
(   )

8 다음 漢字(한자)의 필순을 밝히세요. (69~70)

69 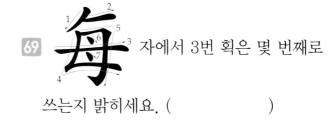 자에서 3번 획은 몇 번째로 쓰는지 밝히세요. (   )

70 다음 한자 중 필순이 틀린 것을 고르세요.

가) 　　나) 長

다) 　　라) 方

모범답안은 101페이지에 있습니다.

1 다음 漢字語(한자어)의 讀音(독음)을 쓰세요.
(1~32)

2 다음 漢字(한자)의 訓(훈:뜻)과 音(음:소리)을 쓰세요.
(33~50)

例	一月 ⋯⋯ 일월

例	三 ⋯⋯ 석 삼

1 寸數 (　　　) 　**2** 漢江 (　　　)

3 少年 (　　　) 　**4** 生活 (　　　)

5 午前 (　　　) 　**6** 手話 (　　　)

7 國軍 (　　　) 　**8** 敎室 (　　　)

9 四寸 (　　　) 　**10** 北韓 (　　　)

11 住所 (　　　) 　**12** 食事 (　　　)

13 手記 (　　　) 　**14** 東方 (　　　)

15 外家 (　　　) 　**16** 不正 (　　　)

17 全面 (　　　) 　**18** 主動 (　　　)

19 空氣 (　　　) 　**20** 孝子 (　　　)

21 市場 (　　　) 　**22** 四方 (　　　)

23 自立 (　　　) 　**24** 天命 (　　　)

25 花林 (　　　) 　**26** 水草 (　　　)

27 歌手 (　　　) 　**28** 海上 (　　　)

29 夕食 (　　　) 　**30** 民間 (　　　)

31 金色 (　　　) 　**32** 不平 (　　　)

33 面 (　　　) 　**34** 祖 (　　　)

35 算 (　　　) 　**36** 記 (　　　)

37 內 (　　　) 　**38** 電 (　　　)

39 育 (　　　) 　**40** 里 (　　　)

41 左 (　　　) 　**42** 歌 (　　　)

43 老 (　　　) 　**44** 紙 (　　　)

45 草 (　　　) 　**46** 洞 (　　　)

47 物 (　　　) 　**48** 重 (　　　)

49 出 (　　　) 　**50** 休 (　　　)

3 다음에 漢字語(한자어)의 뜻을 쓰세요.
(51~52)

51 民心 : (　　　　　　　　　)

52 同色 : (　　　　　　　　　)

4 다음 訓(훈:뜻)과 音(음:소리)에 맞는 漢字 (한자)를 例(예)에서 골라 그 번호를 쓰세요. (53~61)

| 例 | ①住 ②秋 ③有 ④時 ⑤語 ⑥植 ⑦海 ⑧後 ⑨名 ⑩夕 |

53 이름 명 (   )   54 있을 유 (   )

55 때 시 (   )   56 바다 해 (   )

57 말씀 어 (   )   58 살 주 (   )

59 뒤 후 (   )   60 가을 추 (   )

61 심을 식 (   )

5 다음 漢字(한자)의 상대 또는 반대되는 한자 (한자)를 例(예)에서 골라 그 번호를 쓰세요. (62~64)

| 例 | ①學 ②右 ③月 ④外 ⑤答 ⑥力 |

62 內 – (   )

63 問 – (   )

64 敎 – (   )

6 다음 (   ) 안에 알맞은 漢字(한자)를 例(예) 에서 찾아 그 번호를 쓰세요. (65~66)

| 例 | ①休 ②名 ③孝 ④老 |

65 (   ) – 道 : 부모를 잘 모시는 도리

66 (   ) – 紙 : 못 쓰게 된 종이

7 다음 문장에서 밑줄 친 단어와 같은 뜻을 지닌 漢字(한자)를 例(예)에서 골라 그 번호를 쓰세요. (67~68)

| 例 | ①便 ②冬 ③東 ④直 |

67 이번 겨울에는 눈이 한 번도 내리지 않았다. (   )

68 이 의자는 편하고 튼튼합니다. (   )

8 다음 漢字(한자)의 필순을 밝히세요. (69~70)

69 자의 쓰는 순서가 올바른 것을

고르시오. (   )

가) 2-1-3-4   나) 1-2-3-4

다) 1-2-4-3   라) 2-1-4-3

70 邑 자에서 5번 획은 몇 번째로

쓰는지 밝히시오. (   )

모범답안은 101페이지에 있습니다.

유형별 한자 익히기

反對字(반대자)
뜻이 반대되는 漢字(한자)

江(강 강)
山(메 산)

不(아닐 불)
正(바를 정)

敎(가르칠 교)
學(배울 학)

上(윗 상)
下(아래 하)

男(사내 남)
女(계집 녀)

手(손 수)
足(발 족)

南(남녘 남)
北(북녘 북)

日(날 일)
月(달 월)

內(안 내)
外(바깥 외)

入(들 입)
出(날 출)

大(큰 대)
小(작을 소)

有(있을 유)
無(없을 무)

登(오를 등)
降(내릴 강)

前(앞 전)
後(뒤 후)

答(대답 답)
問(물을 문)

朝(아침 조)
夕(저녁 석)

東(동녘 동)
西(서녘 서)

祖(할아비 조)
孫(손자 손)

冬(겨울 동)
夏(여름 하)

左(왼 좌)
右(오른 우)

老(늙을 로)
少(적을 소)

天(하늘 천)
地(땅 지)

民(백성 민)
王(임금 왕)

春(봄 춘)
秋(가을 추)

物(물건 물)
心(마음 심)

海(바다 해)
空(빌 공)

父(아비 부)
子(아들 자)

類義字(유의자)
뜻이 비슷한 漢字(한자)

家(집 가)
室(집 실)

先(먼저 선)
前(앞 전)

歌(노래 가)
樂(노래 악)

算(셈 산)
數(셈 수)

江(강 강)
河(물 하)

安(편안 안)
全(온전 전)

軍(군사 군)
兵(병사 병)

正(바를 정)
直(곧을 직)

金(쇠 금)
鐵(쇠 철)

土(흙 토)
地(땅 지)

敎(가르칠 교)
訓(가르칠 훈)

出(날 출)
生(날 생)

道(길 도)
路(길 로)

村(마을 촌)
里(마을 리)

物(물건 물)
品(물건 품)

年(해 년)
歲(해 세)

江(강 강)　　　　人(사람 인)
工(장인 공)　　　入(들 입)
空(빌 공)　　　　八(여덟 팔)

同(한가지 동)　　王(임금 왕)
洞(골 동)　　　　主(주인 주)
　　　　　　　　住(살 주)

老(늙을 로)　　　重(무거울 중)
孝(효도 효)　　　動(움직일 동)

母(어미 모)　　　全(온전 전)
每(매양 매)　　　金(쇠/성 금/김)

門(문 문)　　　　直(곧을 직)
問(물을 문)　　　植(심을 식)
間(사이 간)

白(흰 백)　　　　天(하늘 천)
百(일백 백)　　　夫(아비 부)
自(스스로 자)

小(작을 소)　　　寸(마디 촌)
少(적을/젊을 소)　村(마을 촌)

車(수레 거) :　　自轉車(자전거)
　　　　　　　　人力車(인력거)
　　　　　　　　停車場(정거장)
車(수레 차) :　　電動車(전동차)
　　　　　　　　乘用車(승용차)
　　　　　　　　馬車(마차)

金(쇠 금) :　　　金庫(금고)
　　　　　　　　金額(금액)
　　　　　　　　金枝玉葉(금지옥엽)
金(성 김) :　　　姓(성)으로 쓸 때는
　　　　　　　　'김'으로 읽는다.

不(아닐 불) :　　不均衡(불균형)
　　　　　　　　不祥事(불상사)
　　　　　　　　不透明(불투명)
不(아니 부) :　　不凍液(부동액)
　　　　　　　　搖之不動(요지부동)
* 不(불)이 'ㄷ, ㅈ' 앞에 올 때에는 '부'로
　읽는다.

便(편할 편) :　　郵便(우편)
　　　　　　　　便安(편안)
　　　　　　　　便紙(편지)
　　　　　　　　車便(차편)
便(똥오줌 변) :　便所(변소)
　　　　　　　　小便(소변)
　　　　　　　　便秘(변비)
　　　　　　　　便器(변기)

部首의 名稱(부수의 이름)

1획

一 한 일
丨 뚫을 곤
丶 불똥(점) 주
丿 삐칠 별
乙 굽을(새) 을
亅 갈고리 궐

2획

二 두 이
亠 머리부분 두
人 사람 인
儿 걷는 사람 인
　　[밑 사람 인]
入 들어갈(들) 입
八 여덟 팔
冂 멀 경
冖 덮을 멱
冫 얼음 빙
几 안석 궤
凵 입 벌릴 감
刀(刂) 칼 도
力 힘 력
勹 쌀 포
匕 비수 비
匚 상자 방
匸 감출 혜
十 열 십
卜 점 복
卩(㔾) 병부 절
厂 굴바위 엄
厶 사사로울 사
又 또 우

3획

口 입 구
囗 에울 위
土 흙 토
士 선비 사
夂 뒤져올 치
夊 천천히 걸을 쇠
夕 저녁 석
大 큰 대
女 계집 녀
子 아들 자
宀 집 면
寸 마디 촌
小 작을 소
尢 절름발이 왕
尸 주검 시
屮 싹날 철
山 메 산
巛(川) 내 천
工 장인 공
己 몸 기
巾 수건 건
干 방패 간
幺 작을 요
广 집 엄
　　[바위 집 엄]
廴 길게 걸을 인
廾 들 공
　　[받들 공]
弋 주살 익
弓 활 궁
彐 돼지머리 계
彡 터럭 삼
彳 자축거릴 척
　　[조금 걸을 척]

4획

心(忄:㣺) 마음 심
戈 창 과
戶 지게문 호
手(扌) 손 수
支 지탱할 지
攴(攵) 칠 복
文 글월 문
斗 말 두
斤 도끼 근
方 모 방
日 날 일
无(旡) 없을 무
曰 가로 왈
月 달 월
木 나무 목
欠 하품 흠
止 그칠 지
歹(歺) 뼈 앙상할 알
　　　[살 발린 뼈 알]
殳 칠 수
毋 말 무
比 견줄 비
毛 터럭 모
氏 성씨 씨
气 기운 기
水(氵:氺) 물 수
火(灬) 불 화
爪(爫) 손톱 조
父 아비 부
爻 사귈 효
爿 조각 널 장
片 조각 편
牙 어금니 아
牛 소 우
犬(犭) 개 견

5획

玄 검을 현
玉(王) 구슬 옥
瓜 오이 과
瓦 기와 와
甘 달 감
生 날 생
用 쓸 용
田 밭 전
疋 필 필 / 발 소
疒 병들 녁
　　[병들어 기댈 녁]
癶 걸을 발
白 흰 백
皮 가죽 피
皿 그릇 명
目(罒)눈 목
矛 창 모
矢 화살 시
石 돌 석
示(礻) 보일 시
禸 짐승발자국 유
禾 벼 화
穴 구멍 혈
立 설 립

6획

竹 대 죽
米 쌀 미
糸 실 사
缶 장군 부
网(罒) 그물 망
羊 양 양
羽 깃 우
老(耂) 늙을 로
而 말이을 이
耒 따비(쟁기) 뢰
耳 귀 이
聿 붓 율
肉(月) 고기 육
臣 신하 신
自 스스로 자
至 이를 지
臼 절구 구
舌 혀 설
舛 어그러질 천
舟 배 주
艮 그칠 간
色 빛 색
屮屮(艹) 풀 초
虍 범의 문채 호
虫 벌레 충
血 피 혈
行 다닐 행
衣 옷 의
襾 덮을 아

7획

見 볼 견
角 뿔 각
言 말씀 언
谷 골 곡
豆 콩 두
豕 돼지 시
豸 해태 치
　　[맹수 치]
貝 조개 패
赤 붉을 적
走 달아날 주
足 발 족
身 몸 신
車 수레 거
辛 매울 신
辰 별 진
辵(辶)
　　쉬엄쉬엄 갈 착
邑(阝) 고을 읍
酉 술(닭) 유
釆 나눌 변
里 마을 리

8획

金 쇠 금
長 긴 장
門 문 문
阜(阝) 언덕 부
隶 밑 이/미칠 체
隹 새 추
雨 비 우
靑 푸를 청
非 아닐 비

9획

面 낯 면
革 가죽 혁
韋 가죽 위
韭 부추 구
音 소리 음
頁 머리 혈
風 바람 풍
飛 날 비
食 밥 식
首 머리 수
香 향기 향

10획

馬 말 마
骨 뼈 골
高 높을 고
髟 머리 늘어질 표
鬥 싸움 투
鬯 활집 창
鬲 오지병 격
鬼 귀신 귀

11획

魚 고기 어
鳥 새 조
鹵 소금밭 로
鹿 사슴 록
麥 보리 맥
麻 삼 마

12획

黃 누를 황
黍 기장 서
黑 검을 흑
黹 바느질 치

13획

黽 맹꽁이 맹
鼎 솥 정
鼓 북 고
鼠 쥐 서

14획

鼻 코 비
齊 가지런할 제

15획

齒 이 치

16획

龍 용 룡
龜 거북 귀

17획

龠 피리 약

찾아보기

(: 표시는 長音(장음), (:) 표시는 長音(장음) · 短音(단음) 두 가지로 발음되는 한자이다.)

기출/예상 문제 정답

8급-1회

1 (1-15)

1 팔		2 륙		3 십	
4 사		5 서		6 동	
7 부		8 모		9 형	
10 오		11 학		12 년	
13 문		14 교		15 실	

2 (16-25)

16 흙 토	17 바깥 외	18 북녘 북
19 일곱 칠	20 흰 백	21 작을 소
22 달 월	23 해 년	24 임금 왕
25 쇠 금		

3 (26-35)

26 ⑧	27 ②	28 ⑤
29 ⑦	30 ⑨	31 ③
32 ④	33 ①	34 ⑩
35 ⑥		

4 (36-40)

36 ⑤	37 ①	38 ④
39 ③	40 ②	

5 (41-43)

41 ②	42 ⑤	43 ③

6 (44-50)

44 ⑤	45 ①	46 ⑦
47 ④	48 ②	49 ⑧
50 ③		

8급-2회

1 (1-15)

1 삼		2 학		3 년	
4 사		5 이		6 십	
7 칠		8 교		9 장	
10 선		11 생		12 형	
13 제		14 부		15 모	

2 (16-25)

16 가운데 중	17 큰 대	18 아홉 구
19 문 문	20 동녘 동	21 마디 촌
22 집 실	23 남녘 남	24 계집 녀
25 나라 국		

3 (26-35)

26 ⑤	27 ⑩	28 ⑥
29 ⑧	30 ④	31 ①
32 ⑦	33 ⑨	34 ②
35 ③		

4 (36-40)

36 ②	37 ⑤	38 ①
39 ④	40 ⑥	

5 (41-43)

41 ⑤	42 ③	43 ①

6 (44-50)

44 ④	45 ⑦	46 ⑧
47 ⑥	48 ⑤	49 ①
50 ②		

7급-1회

1 (1~32)

1 자동	2 정답	3 시간	4 읍장
5 내한	6 해외	7 후문	8 왕자
9 농장	10 소유	11 출생	12 대자
13 등산	14 좌수	15 공부	16 하차
17 부동	18 화식	19 입장	20 등기
21 공기	22 입동	23 육촌	24 만물
25 백화	26 전력	27 이장	28 중대
29 전력	30 불안	31 백초	32 문학

2 (33~50)

33 올 래	34 한가지 동	35 인간 세
36 매양 매	37 사내 남	38 스스로 자
39 글월 문	40 집 가	41 편안 안
42 낮 오	43 셈 수	44 대답 답
45 사이 간	46 온전 전	47 효도 효
48 기운 기	49 말씀 화	50 일천 천

3 (51~52)

51 저녁 식사	52 바다 위

4 (53~61)

53 ⑤	54 ⑨	55 ①	56 ⑦	57 ⑩
58 ⑧	59 ④	60 ②	61 ⑥	

5 (62~64)

62 ③	63 ①	64 ⑤

6 (65~66)

65 ②	66 ④

7 (67~68)

67 ①	68 ③

8 (69~70)

69 7번째	70 다

7급-2회

1 (1~32)

1 촌수	2 한강	3 소년	4 생활
5 오전	6 수화	7 국군	8 교실
9 사촌	10 북한	11 주소	12 식사
13 수기	14 동방	15 외가	16 부정
17 전면	18 주동	19 공기	20 효자
21 시장	22 사방	23 자립	24 천명
25 화림	26 수초	27 가수	28 해상
29 석식	30 민간	31 금색	32 불평

2 (33~50)

33 낮 면	34 할아비 조	35 셈 산
36 기록할 기	37 안 내	38 번개 전
39 기를 육	40 마을 리	41 왼 좌
42 노래 가	43 늙을 로	44 종이 지
45 풀 초	46 골 동	47 물건 물
48 무거울 중	49 날 출	50 쉴 휴

3 (51~52)

51 백성의 마음	52 같은 빛깔

4 (53~61)

53 ⑨	54 ③	55 ④	56 ⑦	57 ⑤
58 ①	59 ⑧	60 ②	61 ⑥	

5 (62~64)

62 ④	63 ⑤	64 ①

6 (65~66)

65 ③	66 ①

7 (67~68)

67 ②	68 ①

8 (69~70)

69 나	70 4번째

대한민국 대표한자 아이한자
www.ihanja.com

급수한자 7급 자격증 바로따기

발 행 일	2019년 2월 1일 초판 발행
발 행 인	배영순
저 자	權容璿(권용선)
펴 낸 곳	홍익교육
기획·편집	아이한자 연구소
출판등록	2010-10호
주 소	경기도 광명시 광명로 877 한진상가 B동 309호
전 화	02-2060-4011
홈 페 이 지	www.ihanja.com

ISBN : 979-11-885050-7-4 / 63710

이 책의 어느 부분도 저작권자나 발행인의 승인없이 무단 복제하여 이용할 수 없습니다.